四季報を100冊読んでわかった投資の極意

大義なき儲けを求めると破滅する

会社四季報の達人
渡部清二
Seiji Watanabe

ビジネス社

はじめに

四季報100冊完全読破をきっかけに出版していただけることになった本書は、ある意味、今までの私の著作の中での最高傑作だと思っています。

2018年に出版し、今もロングセラーの『会社四季報の達人が教える10倍株・100倍株の探し方』（東洋経済新報社）のおかげで、私にはテンバガー株（株価が10倍になる可能性がある株）に関する著作や取材などの依頼をたくさんいただいています。

それは本当にありがたいことなのですが、私の投資に対する思いは、もっと多層的で深みがあることをずっとお伝えしたいと思ってきました。今回の著作で、私が主宰する複眼経済塾で繰り返し述べている「利他利己の気持ちで投資にのぞむことが、巡り巡って自らに豊かさをもたらす最短の道」という考えを、初めて包括的にまとめることができました。

一般には、儲けたいという気持ちから四季報を読みます。実際、私もそうであり、四季報読破を始めた当初は儲かりそうな銘柄を探すことで必死でした。しかし自分さえ良ければよいとの利己の気持ちを天が諌めたかったのか、私は潰瘍性大腸炎という難病で重症となり、生死の境をさまよいました。ほぼ2年にわたり入院を繰り返し、会社に行くことさえできずに、当時勤務していた野村證券での出世競争に後れをとり、たまたま株式で儲けたお金もすべて治療費で消えてしまいました。

それ以来四季報読破では、欲を前面に出さず、世の中を知るための道標として活用しています。一社一社のミクロの事象を積み上げることで、日本経済というマクロがわかり、さらに世界経済も見えるようになります。

また四季報読破から感じる世の中の変化やアイデアを、当時のお客様だった機関投資家に、いち早く提供してお役に立ちたいという気持ちに変わってからは、お客様からも評価していただき仕事も楽しくなりました。同時に多くの企業を知ったことで、いろいろな方との会話がスムーズにできて、ご縁が広がり生活そのものが楽しくなりました。

儲けたいという気持ちは、当然、私にもありますし、生きるための原動力でもあるので否定はしません。ただ本書で述べたような、日々の地味な作業の積重ねによって、複眼経済塾を主宰できるようになり、そこに多くの方が集まってくださり、貴重なご縁がつながったことは、お金や儲けには代えがたいプライスレスな価値だと感じています。

さらに四季報読破を通じて、日本企業を知れば知るほど、日本そのものへの愛が強まり、現在は日本の歴史や文化への探求心が強まっています。

実際、企業や産業の歴史を知るために、日本全国にある産業遺産も60か所近くまわりました。また好きが昂じて、「神社検定」と「日本酒検定」(いずれも現在2級)という資格を取得し、伊勢神宮はじめ全国各地の神社を参拝し、各地の日本酒をたしなむようになりました。いずれは株式投資から入って、全国の企業の原点をめぐりながら、その地の歴史や文化とふれあう「投資ツーリズム」を形にして、多くの人に体験していただきたいと思っています。

ところで四季報読破ですが、正直に申し上げますと、年を取るにつれて体力的に辛くなっています。以前から、四季報読破は100冊でやめようと思っていたのですが、塾生の方や周りの方から、「200冊まで続けてほしい」、「いや500冊まで大丈夫だろう」と、好き勝手にハードルを上げられています、笑。

200冊読破で80歳、500冊読破で155歳になる計算ですが、どうやら私は、これから不老不死の人生を歩む運命にあるようです。

改めて私に四季報読破せざるを得ない環境をつくってくださった野村證券時代の怖いT先輩(実際は優しい竜沢さん)、四季報発売元の東洋経済新報社はじめ各関係者の皆さま、そして私を陰で支えてくれている複眼経済塾スタッフに感謝します。

この本の出版の機会をくださったビジネス社の唐津隆社長、素晴らしい構成をしてくださった作家の鈴木雅光さんにも厚く御礼を申し上げます。

最後に25年間、四季報100冊読破まで伴走してくれた妻、寿子に感謝の気持ちを伝えたいです。結婚した途端に私が難病になり、2人で死を覚悟した時も励まし続けてくれました。当時はこのような本を書く時が訪れるとは夢にも思いませんでした。

「日本弥栄（いやさか）」、「複眼弥栄」。読者の皆様に幸せが訪れますように。

２０２２年12月吉日

渡部清一

もくじ

第2章 会社四季報でテンバガーを見つける方法

第3章 四季報を捨てよ、街に出よう

第4章 サイクルを読む

第5章 私と会社四季報との出会い

序章

会社四季報を100冊読んでわかったこと

25年間1号も欠かさず読了

２０２２年9月16日、会社四季報２０２２年4集（秋号）が発売されました。

会社四季報は、「四季」という名称が付いていることからも察することができるとおり、年4回刊行されています。

12月中旬に発売される「新春号」、3月中旬に発売される「春号」、6月中旬に発売される「夏号」、そして9月中旬に発売される「秋号」が、それです。

この25年間、1号も欠くことなく、ずっと読み続けてきました。そして、２０２２年の秋号で、ちょうど１００冊に目を通してきたことになります。

この間、会社四季報がカバーする企業の数は大きく増えました。２０２２年秋号の表紙には、「全上場３８６５社の業績を独自2期予想」という文字が躍っています。「独自2期予想」については後述しますが、ここでは全上場３８６５社という数字に着目してください。

私が会社四季報を、ただ漠然とではなく、ある種の意思を持って読み始めたのは、1998年の新春号（1997年12月発売）からです。この時の上場企業数は、当時あった地方上場、東証外国部などを合わせても3310社でした。この25年間で、上場企業数は500社以上増えたのです。

これは四季報トリビアです。上場企業数が増えているにもかかわらず、1997年と2022年に発行された会社四季報を並べると、本の厚さはあまり変わっていません。

なぜだかわかりますか。

ちょっと考えればおわかりいただけると思いますが、それだけ紙が薄くなっているのです。

これは人伝てに聞いた話ですが、会社四季報は「紙媒体」というオールドファッションな形態をとっているものの、強度と両立させた薄い紙、そこに印刷する技術、さらに言えば、2100ページを製本する技術は、世界トップクラスのハイテクなのだそうです。

会社四季報2022年4集（秋号）東洋経済新報社より

どんなことでも25年も続ければ、一家言持てるようになります。私にとって会社四季報は、まさにそういうものです。表紙から広告に至るまで、毎号、詳細に読み込んでいくと、何が強みなのかが見えてきます。

ちなみに私が会社四季報を読む時は、それに没頭するため2、3日は自宅に引きこもり、表紙から編集後記まで熟読します。もちろんコメントやチャート、データもすべて残さずチェックします。

「継続性」「網羅性」「先見性」の3大特長

このように会社四季報を読み込むことを通じて気づいた会社四季報の強みは、**「継続性」**、**「網羅性」**、**「先見性」**の3つに集約されるといって良いでしょう。

まず「継続性」。会社四季報が創刊されたのは1936年、昭和11年のことです。日本史の勉強をした人なら覚えていると思います。青年将校が反乱を起こした、2・26事件の直前に企画され、事件の最中に制作され、事件の3カ月後に創刊されたそうです。このことからも会社四季報がいかに長い歴史を持っているのかを、おわかりいただけるのではないでしょうか。

この長い歴史が継続性を担保してくれています。会社四季報に掲載されているのは個別企業の財務情報や業績推移といった定量データと、記事によって構成されている定性情報ですから、過去の号にさかのぼって調べることにより、特定の企業の歴史をかいま見ることができます。

とりわけ、**ニップン**（2001、前・日本製粉）、**森永製菓**（2201）、**東レ**（3402）、**王子ホールディングス**（3861、前・王子製紙）、**昭和電工**（4004、前・日本電気工業・昭和肥料）、**ヤマハ**（7951、前・日本楽器製造）など、会社四季報創刊時以来、掲載されている企業は50数社あります。これらの企業について、もし会社四季報の創刊号までさかのぼって読む機会があったら、まさにその会社の歴史に触れているのと同じといっても、決して大げさな表現ではないでしょう。そこまで行かずとも、たとえば過去10年の掲載内容に触れることができれば、その企業がこの10年間でどのように変化してきたのかを把握できます。過去を振り返ることは、未来を予測するうえで、とても大切なことです。

2番目が「網羅性」です。これはもう会社四季報を開いていただければ、一目瞭然《いちもくりょうぜん》だと思います。1ページにつき2社、見開きで4社の詳細な企業情報が掲載されています。個別企業あたりで言うと、業績の推移から財務データ、役員名、大株主、株価チャート、直近のトピックに至るまで、詳細な数字と簡潔な文章によって、個別企業の現在が一目でわかるようになっています。それが全上場3865社分、この1冊にまとめ上げられているのです。このようなメディアは、世界中を見渡してみても、恐らく会社四季報を除いて他にはありません。

ちなみにかつては、会社四季報のシェアを奪おうとして、日本経済新聞社が「日経会社情報」を、ダイヤモンド社も「ダイヤモンド『株』データブック」を出版しました。

しかし、日経会社情報は会社四季報の牙城を崩すことができず、それでも1979年3月の創刊以来38年間、刊行し続けてきましたが、2017年3月発売号で休刊となり、「日経会社情報DIGITAL」としてネットでの配信に変わりました。

また、ダイヤモンド社の「ダイヤモンド『株』データブック」に至っては、会社四季報からの剽窃《ひょうせつ》が多数確認されたことで問題になり、結局のところ3号を出したところで廃刊に追い込まれました。結局、紙ベースの企業情報紙で残っているのは、会社四季報だけなのです。

そして3番目が「先見性」です。これこそ会社四季報ならではの特長です。このために東洋経済新報社では大勢の記者が会社四季報をつくるために投入されていて、日々、さまざまな企業取材を行っています。

この企業取材をベースにして、各企業の担当記者が独自の視点からその企業の業績予想をしたのが、**「独自2期予想」**です。

多くの上場企業が業績見通しを公表しています。それとは別の、あくまでも記者目線による業績見通しです。今期予想だけでなく来期予想まで入っているのは、会社四季報をおいて他にはありません。

さらには、ここからが本書を執筆するにあたって、改めて会社四季報の強みを考えて思いついたことなのです。会社四季報には大勢の人の英知が集結していることも付け加えておきたいと思います。

現在、会社四季報の取材に当たっている記者の数は全部で120人前後であると聞きました。ということは、会社四季報を傍らにおいてそれを1年間読むことによって、私は120人の記者が1年間かけて集めた英知を、年9600円（1冊2300円×4冊）を払うだけで会得できたことになります（ちなみに2023年1集新春号は2400円［税込］です）。

別の言い方をすると、1年×120人＝120年分の経験をさせてもらっているのと同じだ、ということです。もっと言うと、それを25年にわたって読んできた私は、1年×120人×25年＝3000年分の経験を積んできたことになります。

「人生100年時代」などと世間ではよく言われていますが、そんなのは大した話ではありません。なぜなら、私はこの25年間にわたり会社四季報を読み続けたことで、何と3000年も生きてきたのと同じ英知を、自分のなかに蓄積することができたからです。これこそが、**会社四季報の最大の強み**であると考えています。

第1章

ジャポニスムの時代

四季報を熟読することでまだ見えない未来を予測する

諜報活動の世界では、「ＯＳＩＮＴ（オシント）」、「ＨＵＭＩＮＴ（ヒューミント）」、「ＳＩＧＩＮＴ（シギント）」という言葉があります。

ＨＵＭＩＮＴは「Human Intelligence」の略で、合法・違法を問わず人間を介して行われる諜報活動のことです。ここには外交官や駐在武官による合法的な情報収集活動や、現地での不法行為も辞さない非合法な情報収集活動も含まれています。

ＳＩＧＩＮＴは「Signals Intelligence」の略で、通信や電波などの傍受による諜報活動のことです。

そしてＯＳＩＮＴは「Open-source Intelligence」の略です。オープンソースですから、つまり合法的に入手できる資料を突き合わせながら情報分析を行うことを指しています。その際の資料には、政府の公式発表となるプレスリリースや、マスメディアの報道、インターネットなどに流れている情報も含まれています。これらを細かく見ていくだけでも、かなり精度の高い情報が得られるとも言われています。

会社四季報に掲載されている情報の精査は、まさにこのＯＳＩＮＴと同じ作業といってもよいでしょう。

たとえば、会社四季報を継続的に読んでいると、記事欄のキーワードに初めて目にする言葉が出ていたりします。この言葉を深く読み込んでいくことによって、そう遠くない未来に起こることが、かなりの精度で予測できるのです。こうした事例のいくつかを、この章で紹介していきましょう。私が四季報を熟読することから読み解いた、**日本の未来予想図**です。

いよいよインフレが本格化する

たとえば現在、世の中では「物価上昇」、「インフレ」が騒がれています。ところが実は会社四季報では２０２２年の新春号で、初めてインフレに関連する言葉が出てきました。

広島県に本社を置く**ウッドワン**（７８９８）の記事がそれで、「インフレ起因のコスト増」という言葉が記載されていたのです。

この会社は、木材を扱っている会社です。実はこの時期、国内外で木材価格が急騰していました。

「ウッドショック」という言葉を聞いたことのある方もいらっしゃるでしょう。日本の住宅メーカーが使う木材の7割は海外からの輸入に頼っているため、コロナ禍の影響で労働者が減り、伐採がうまくいかなくなり、それが木材価格の急騰を引き起こしていたのです。

まさに今、米国で深刻化しているインフレ懸念は、コロナ禍で企業業績が悪化し、多くの企業がレイオフ（一時解雇）をして従業員を減らしたものの、ここに来て景気が回復してもその労働者が戻って来ず、供給不足が生じる一方で労働者賃金が引き上げられた結果、物価の上昇に歯止めが掛からなくなっている、そんな状態です。ウッドショックは、このインフレを予兆したかのような出来事だったのです。

２０２１年12月に発売された新春号に、「インフレ」という言葉は、これ一件しかありませんでした。実際、新聞などにもまったく「インフレ」という言葉が取り上げられていなかった時期です。

ところが、それから数カ月が経過して、まず国内企業物価指数に変化が見られるようになってきました。２０２０年12月時点では、前年同月比で▲２・１％だった国内企業物価指数です。それがそこから徐々に上昇傾向をたどるようになり、２０２１年3月には前年同月比で１・２％上昇。そこから一気に上昇ペースが加速して、同年11月には前年同月比で９・２％の上昇となり41年ぶりの水準をつけました。その後も９％台の上昇が続き、２０２２年9月時点では前年同月比で９・７％もの上昇となっています。

一方、私たち個人が買い物をする際の物価も、徐々にではありますが、上昇し始めています。２０２２年9月の消費者物価指数（総合指数）は、前年同月比で３・０％の上昇となりました。ちなみに米国の消費者物価指数上昇率はもっと高くて、２０２２年10月のそれは前年同月比で８・２％の上昇です。

会社四季報に、「インフレ起因のコスト増」という見出しが登場した時、恐らく多くの人がピンと来ていなかったのだと思います。なぜなら、あまりにもデフレの期間が長かったからです。

日本のバブル経済が崩壊し、不良債権問題による金融不安が高まり、消費者物価指数がマイナスになって、「デフレ」が現実のものであることを多くの人が認識したのは、恐らく1998年くらいのことです。

それ以前は、100円ショップなどの安売り店がどんどん出てきて、ファストフードのお店が割安セットを販売するようになったものの、それはデフレというよりも、何となく世の中の流れで安売りが流行っているのだろうという程度の認識でしかありませんでした。しかし、それが実はデフレという、経済の病であることを認識されるようになったのが、1998年くらいだったのです。

以来、20数年にわたって、日本経済はデフレ下にありました。2013年からアベノミクスが本格的にスタートした時、日銀は2%の消費者物価上昇率実現を目指して超金融緩和政策を行ったにもかかわらず、それでも消費者物価指数は一向に上昇しようとしませんでした。そのくらい**日本のデフレマインドは深刻な状況**だったのです。

つまり日本人にとって、インフレは非常に縁遠いものだったのです。だからこそインフレに対して無防備というか、感度が鈍くなっていたのかもしれません。

いや、恐らく今でも、普通の消費者はあまりインフレを実感できていないのかもしれません。米国で消費者物価指数が8・2%も上昇しているのに、日本はまだ3%の上昇率にとどまっているからです。

長年にわたって安いものを買うことに慣れ切った日本人にとって、いきなりモノの値段が上昇したら、恐らく買うことを我慢してしまうでしょう。そうしたらますますモノが売れなくなり、会社の業績が悪化してしまいます。それを懸念する多くの企業が、原材料の上昇分を製品価格に転嫁させず、ひたすら我慢の経営を続けているのです。

そのため消費者物価指数は、前年同月比で３％程度の上昇にとどまっていました。だからこそ日本人の間では、まだインフレを大騒ぎするようなムードが広まっていないとも言えるのです。ところが実は着実にインフレになりつつあります。

そう考えて、私は２０２１年12月に、「インフレ」をテーマにした大きなストーリーを考えました。

インフレを確認するための３つの切り口

そもそも「インフレ」とは、どういう現象なのでしょうか。

インフレという現象を明確に定義した人物がいます。本書が東洋経済新報社から出ている会社四季報の読み方本だからというわけではないのですが、かつて東洋経済新報社の社長を務め、後に日本の総理大臣にまでなった石橋湛山《たんざん》が、その人です。

彼はインフレを次のように定義しました。

「ある国の通貨の数量が、その国の経済活動の健全な発展に必要以上、ないし有害な程度に増加すること」

つまり、通貨の量が増えることを「インフレ」と言っているのです。

ちなみに金融庁のホームページには、「物価が上昇し続ける状態」と書かれており、それがもたらす現象として「バランスシートが膨張する」と指摘しています。

整理すると、インフレには3つの切り口があると考えられます。「通貨の量が増えること」、「物価が上昇すること」、「バランスシートが膨張すること」がそれです。

ひとつずつ見ていきましょう。

まず通貨の量がどれだけ増えているのかについては、日銀の総資産を見れば良いでしょう。ここで言う通貨は「円」のことを指しており、日本の通貨を発行しているのは日銀だからです。

実は知らない方も多いとは思うのですが、日本銀行は株式のようなものを上場しています。日本銀行は株式会社組織ではないので、「株式」ではなく、正確には「出資証券」を上場していて、この出資証券は個人でも買うことができます。

したがって日本銀行のバランスシートは会社四季報にも掲載されています。それを見ると、総資産は７２４兆円となっています。２０１３年新春号では１５０兆円でしたから、この９年の間で総資産は４・８倍まで膨《ふく》らんだことになります。その分だけ多くのお金が刷られて、世の中にばら撒かれたことになります。結果として通貨の量はこの９年間で大幅に増えたことになります。

次に物価が上昇することです。これも会社四季報でキーワードを丹念に拾っていくと、コロナ禍が深刻化した２０２０年1月以前から、「値上げ」、「原材料価格上昇」というキーワードが少しずつながらも出ていました。そして前述したように会社四季報２０２２年新春号で、前述のウッドワンの「インフレ起因のコスト増」という記事が上がってきたのです。

原材料価格の上昇ということは、企業間で取引されているモノの値段が上がっていることですから、その原データである「企業物価指数」を当たってみると、2021年11月には41年ぶりの高水準になっていました。

41年前ということは、西暦で見ると1980年です。この前年に起きた第2次オイルショックが大きな問題になりました。その41年後にはウッドショックが起こっているのです。つまり前回はオイルショックをきっかけにしてインフレが昂進《こうしん》したので、今回はウッドショックがインフレの引き金になるのではないかと考えることができるのです。

次に、私たち生活者の間での物価がどうなっているのかを、消費者物価指数を通じて確認すると、基本的に1998年まで消費者物価指数は前年同月比でプラスが続いていました。つまり生活者がモノを買う時の値段は、緩やかながらも上昇し続けていたのです。

ところが1998年に入ってからは前年同月比でマイナスに転じ、なかなかプラスに浮上しない状況が続きました。一部、大きく跳ね上がったところはあるものの、これは消費税の引き上げという特殊要因による影響です。

これだけ長いデフレが続いた後、いよいよ消費者物価指数はプラスに転じ、インフレに転換しようとしているのです。

最後にもうひとつ、「バランスシートが膨らむこと」についても触れておきましょう。バランスシートというと、企業の財務諸表というイメージがあると思います。ただし、ここで言うバランスシートは「国のバランスシート」のことです。もっと簡単に言うと、この国の政府部門が抱えている負債の総額です。

これは債務残高の対ＧＤＰ比を見れば一目瞭然です。日本のそれは２００６年が１７４％だったのに、２０２１年時点では２５６・９％まで増えています。なお、普通国債の発行残高は、２０００年度末が３６８兆円だったものの、２０２２年度末には１０２６兆円になる見通しです。この点でも、日本経済がインフレの渦中にあることがわかります。

そしてインフレが進んでいる時は、ほぼ例外なく株価は上昇します。実際、昔の株式市場を見ても、デフレからインフレに転換するなかで、株価が急騰した銘柄がたくさんありました。

インフレで株価が上昇するひとつの根拠

デフレ、インフレに絡めてもうひとつのトピックをご紹介しましょう。これも結論から申し上げると、インフレによって株価が上昇することを示唆した過去事例です。

序章で会社四季報の強みは3つあることを申し上げました。これはそのなかのひとつである「継続性」という強みを活かして、過去の歴史を調べた結果として導き出したストーリーです。

何を調べたのかというと、日本を代表する大企業である**トヨタ自動車**（7203）についてです。あのトヨタ自動車でさえ、経営の先行きが危ぶまれた時期がありました。

時は1950年までさかのぼります。今から72年前です。ここまでさかのぼって記事を調べられるのは、まさに会社四季報の強みのひとつである「継続性」があるからです。

まず1950年6月に発売された3集の記事を見ると、「**【争議】**経営合理化のための二工場の閉鎖、一千六百名の人員整理、一割賃下案をめぐって争議中。しかし三首脳の辞任、同系の自動織機社長石田退三氏の乗出しで、（後略）」と書かれています。

この時期、トヨタ自動車工業（当時は工業が社名に付けられていました）でも、非常に経営が厳しい時期だったことがうかがわれます。実際、【前途】の記事には、「わが自動車工業の前途は楽観を許さぬものがある。当社の再建も容易ではない」と、かなり厳しい内容が書かれています。

ところが、それから3カ月後の9月に発売された会社四季報4集の記事を見ると、これが180度大きく変わります。記事部分については【特需で繁忙】と書かれていますし、【前途】の記述は「環境は当社に有利に転じつつあると思われ、前途は期待される」となっています。

第3集と第4集の間にはたったの3カ月しかないのに、この変わり様は一体どういうことなのでしょうか。

実は1950年6月に朝鮮戦争が勃発しているのです。

株式市場の動きを見てみましょう。まず1949年から1950年までの日経平均株価です。1949年9月のそれが176・89円で、1950年7月が85・25円でした。たっ

朝鮮戦争に翻弄されるトヨタ自動車

【前途】楽観を許さぬものがある

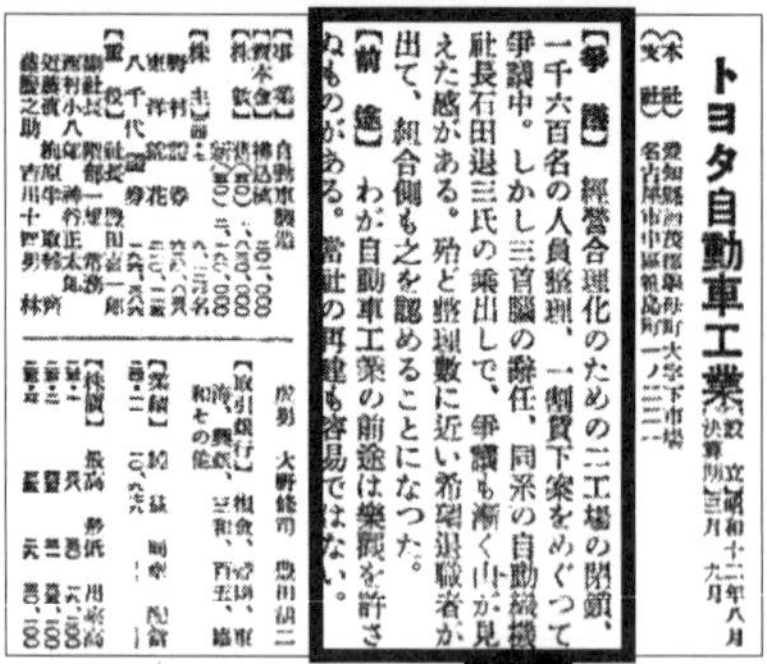

トヨタ自動車工業(設立 昭和十二年八月 決算期 三月 九月)

【爭議】經營合理化のための二工場の閉鎖、一千六百名の人員整理、一割賃下案をめぐつて爭議中。しかし三首腦の辭任、同系の自動織機社長石田退三氏の乘出しで、爭議も漸く山が見えた感がある。殆ど整理數に近い希望退職者が出て、組合側も之を認めることになつた。

【前途】わが自動車工業の前途は樂觀を許さぬものがある。當社の再建も容易ではない。

1950(昭25)年
3集(6月発売)

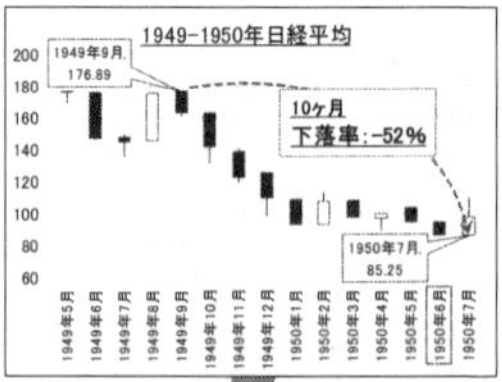

3か月後

1950年
6月
朝鮮戦争

【前途】前途は期待される

トヨタ自動車工業(設立 昭和十二年八月 決算期 三月 九月)

【特需で繁忙】朝鮮の事變で特需三千三百餘臺約二十億圓の受注があり、一方國內、海外の需要も一轉旺盛となり、このところ需要に應じ切れない狀態である。普通トラックは今後特需と內需のみでも月千臺の生產を要し、それには相當の努力が必要である。

【前途】環境は當社に有利に轉じつゝあると思われ、前途は期待される。

1950(昭25)年
4集(9月発売)

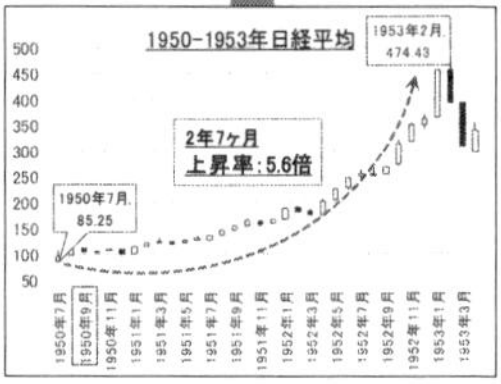

たの10カ月間で、日経平均株価は52％も値下がりしたのです。

この背景にあったのが「ドッジデフレ」という政策です。

ドッジデフレとは、1949年に当時のデトロイト銀行のジョセフ・ドッジ頭取が、GHQの財政顧問として来日し、日本が戦後ハイパーインフレに苦しむなか、それを抑えるために超緊縮財政などを実施したことで起こった不況です。消費者物価指数は1949年5月の＋48・3％から1950年6月の－10・2％まで、1年強で実に59％も下落しました。このデフレと不況のなかで、日経平均株価は52％も下落したのです。

ところが1950年6月に朝鮮戦争が起こったことによって、日本に特需が発生しました。また緊縮財政も解かれたため、株価は1950年から1953年にかけて一気に上昇したのです。日経平均株価で見ると、1950年7月が85・25円、それが1953年2月には474・43円まで上昇しました。2年7カ月で株価は5・6倍にまで上昇したのです。

この間、物価はデフレからインフレへと転換しました。当然、トヨタ自動車としても、軍需でトラックの在庫が一気にはけて、業績は急回復しました。それが昔の会社四季報から読み取れるのです。

ところで、日経平均株価の上昇もさることながら、個別銘柄の株価の上昇力は、それを大きく上回るという事実を、トヨタ自動車の株価を事例に見てみましょう。

当時の会社四季報にも株価が掲載されています。1950年（昭和25年）6月の株価が最安値で、1株23円50銭という数字が確認できます。

では、これが同社の株価が最高値をつけた22年1月まで持ち続けたとしたら、トヨタ自動車の修正株価（※株式分割を考慮した株価）は何倍になったでしょうか。ちなみに日経平均株価は1989年12月の最高値3万8915円までで456倍です。

トヨタ自動車の株価は1000倍でしょうか、それとも1万倍でしょうか。あるいはもっと上がったのでしょうか。上がったとしたら、それは何倍でしょうか。

実は18万倍です。もし1950年6月に、2万3500円を出してトヨタ自動車の株式を1000株買い、そのまま2022年まで持ち続けていたとしたら、その価値は約42億円にまで増えたことになります。

もっとも、これには異論のある方もいらっしゃると思います。1950年6月の2万3500円は、現在の価値で考えた時、少なくとも今の2万3500円ではないのだから、単純に18万倍とは言えないのではないか、という意見です。

それはごもっともです。ただ、実は当時の2万3500円は、現在の30万円程度でしかないのです。

これを計算するためには、当時の会社四季報と現在の会社四季報の定価を比較すれば良いのです。今の会社四季報の定価が2300円、1950年当時の定価は150円ですから、15・3倍になったわけです。ということは、2万3500円の15・3倍ですから、35万9550円です。

35万9550円が約42億円になったというだけでも、個別銘柄の株価上昇には物凄いパワーがあることがわかります。

▶当初2-3年で株価は10倍になるも、1000倍以上からの**10倍は20年以上**かかる

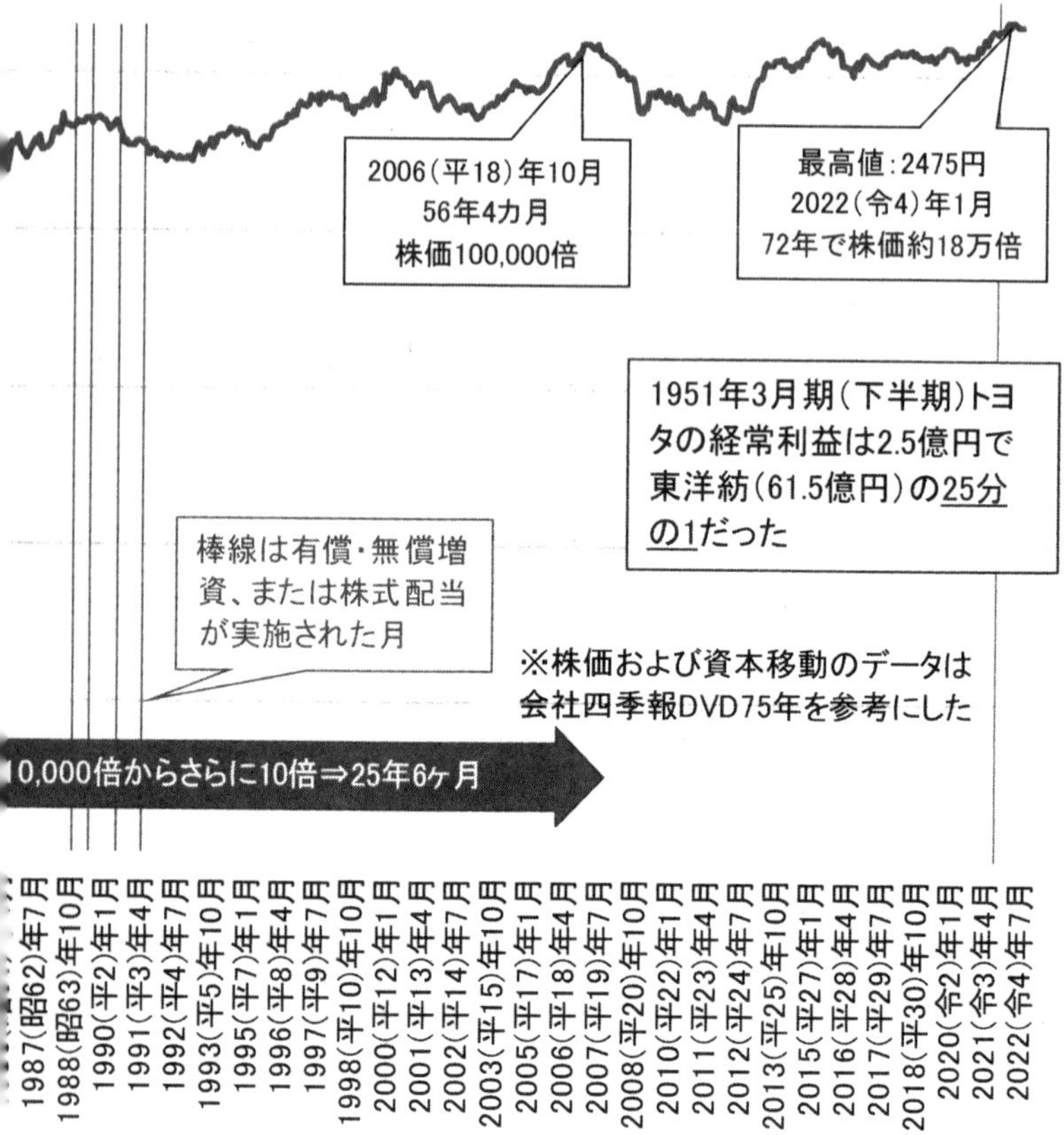

トヨタ自動車、会社四季報を参考に複眼経済塾作成

1950年3集四季報以降のトヨタ自動車(7203)の動き

▶日経平均は89年末高値まで**456倍**。もし当時トヨタ1000株（**2.35万円**）投資していたら高値で約42億円（**約18万倍**）に！
⇒**個別・中小型成長株**投資が重要！

トヨタ自動車の戦後の修正株価チャート（1950-2022年、対数グラフ）
※有償・無償増資、株式配当、株式分割をすべて修正している

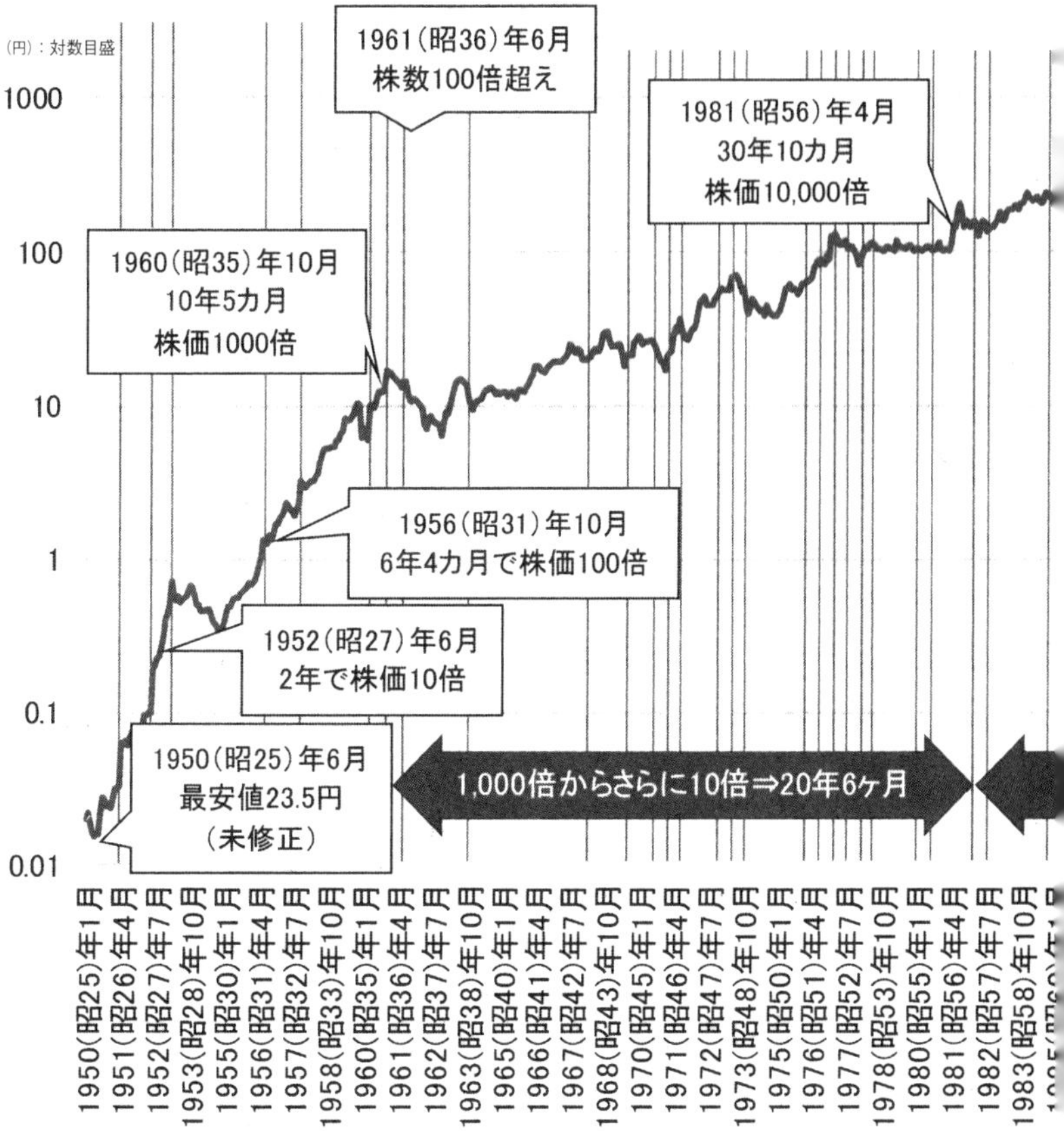

ある程度成長した企業でもテンバガーになる

ついでに、トヨタ自動車の修正株価をもう少し詳しく時系列に見てみましょう。結構、「なるほど」と思える点があります。

トヨタ自動車の株価を１９５０年６月の、ドッジデフレ下での最安値を起点にして、直近までを追ってみました。すると最安値から株価が10倍になったのは、１９５２年６月なので、ちょうど2年かかったことになります。

次に株価が１００倍になったのは１９５６年10月だったので、10倍になったところから見ると、４年４カ月かかっています。

そして株価が１０００倍になったのが１９６０年10月ですから、１００倍になったところから見ると、ちょうど4年かかっています。

さらに先を見てみましょう。株価が1万倍になったのが１９８１年４月ですから、１００倍になったところから見ると20年と6カ月かかっています。

10万倍になったのは2006年10月ですから、1万倍になったところから見ると25年と6カ月です。そして現在の2022年1月時点で計算すると、最安値をつけた1950年6月から約72年間で、株価は約18万倍になりました。

このように見ると、企業の成長過程がよく見えてきます。トヨタ自動車がテンバガーを達成した時間の推移を見ると、「2年→4年4カ月→4年→20年6カ月」となっています。株価の上昇ペースが徐々に緩やかになるのは、それだけトヨタ自動車が企業として成熟したからです。ある程度企業が成長したとしても時間をかければ、株価はテンバガーになる可能性を秘めていることが、この推移からわかります。

ちなみに1950年6月からの10年間で、トヨタ自動車の株価は実に1000倍にもなりました。この理由は簡単で、当時のトヨタ自動車は小型成長株だったということです。

実は当時のことを知っている証券業界の重鎮に、戦後のトヨタ自動車はどういう位置づけの企業だったのかを聞いたことがあります。当時の自動車株はほとんど相場になったことがなかったそうです。

まずは海運株、次に鉄鋼株、その後に電機株という順番で、まさか日本の自動車メーカーが、GMやフォードといった米国の自動車メーカーに勝てる日が来るとは夢にも思わなかったということでした。確かに1950年第3集の会社四季報に記載されている内容を読めば、当時のトヨタ自動車をはじめとする、日本の自動車メーカーの位置づけがよくわかります。

そして、それは今の時代における小型株にもあてはまります。実際、私が野村證券に入社した1990年当時、今では株式市場でも人気企業である**ニトリ**（9843）の株価など、誰も見ていませんでした。ちなみにニトリが上場されたのは1989年9月のことで、上場市場は札幌証券取引所でした。

株式市場には、次の世代を担う成長産業が必ずいます。それを見つけることが、株式投資で成功するための大きなポイントになるのです。そして、ここでも会社四季報の記事に出てくるキーワードが、**次世代の成長を担う企業探しのヒント**になります。

最近、気になったのが「空飛ぶクルマ」です。このキーワードが会社四季報に掲載されたのが、2022年新春号でした。建設コンサルタント大手の**「人・夢・技術グループ」**（9248）のコメントによると、「**【空飛ぶクルマ】**空飛ぶクルマを手がける企業と資本提携し空のインフラ整備を担う」とありました。

もちろん、空飛ぶクルマなんていうのは、今の段階ではまだ夢物語に近い話かもしれません。実際、このキーワードは私たちが「少数ワード」と言っているように、全上場企業の四季報コメント内にわずか1~2件程度しかヒットしない程度のものです。果たして2022年新春号で「空飛ぶクルマ」というキーワードは、人・夢・技術グループ1社のみでした。

ところが、2022年2月16日付の日本経済新聞でも、「空飛ぶクルマ、広がる商機ANA（**ANAホールディングス**、9202）参入、トヨタも参加」という表題で、空飛ぶクルマを報じていました。そこから空飛ぶクルマが一気に現実化し、いろいろなところで目にするようになったのです。

このように、記事欄に出てくるキーワードをピックアップするだけでも、世の中の動きが見えてくるのです。

昔を振り返ると、「アウトソーシング」なども同じです。

今では多くの企業が当たり前のように、業務の一部をアウトソーシングしていますし、

BPOを受託する会社などもたくさんあります。BPOとは「Business Process Outsourcing」の略で、あまり独自性を必要としない業務、たとえば経理や総務、コールセンター、物流などを、まとまった単位で継続的に外部の専門業者に委託することです。

アウトソーシングというキーワードが世の中に出てきたのは、記憶をたどると1998年前後の頃だったと思います。

特に日本企業の場合は何でも自前主義で、すべての業務フローを自分のところで揃えて実行していく傾向が顕著でした。

しかし、バブル経済崩壊後の不況のなかで、多くの企業は業務の効率化を強いられることになり、一部業務を外部委託するアウトソーシングが一気に注目されるようになったのです。

感性の時代が来る

これから感性の時代、別な言い方をすると**「空気を読む時代」が来る**、と思います。これも、会社四季報を読み込んでいくなかで気づきました。まだ、たくさん出現しているキーワードではないのですが、ところどころに「感性」や、それに類する言葉がポツポツと出てきているのです。

真っ先に「おっ！」と思ったのが、**ソケッツ**（３６３４）という、データベースの開発・提供を行っている企業です。同社は２００９年4月に東証マザーズ（現、東証グロース市場）に株式を上場しました。創業から22年、上場から13年ですから、まだ若い会社です。

会社四季報では、「感性データに基づくレコメンド等の機能を提供」と書かれていました。たとえば「あなたにはこれがお勧め」的なネット広告が表示されます。これは基本的に自分が見ているサイトなどの履歴から、それに最も関連性のあるものを紐《ひも》づけて表示する仕組みになっています。ソケッツが提供しているのは、今見ている記事コンテンツの文脈から感情や感性を解析し、その解析結果をベースにして読者の感情、感性に最も近い広告を表示するためのデータベースです。

同じく**マクビープラネット**（Macbee Planet・東証グロース、７０９５）も、会社四季報の記事部分に、「**【空気を読む】**ウェブ接客ツールの自動対応チャットで感情推察し、対応シナリオを変える機能」と書かれていましたし、**ユーザーローカル**（3984）は「人物分析、写真や音声テキストから、人の行動、感情を分析するAI機能」と書かれていました。

そこで、感性についてもう少し深堀して調べていくと、2007年5月に経済産業省が、感性価値創造活動「感性☆（きらり）21」報告書を取りまとめていたことがわかりました。感性とは、ひらめきや直感、夢、快・不快、思考、好奇心、感情、情動、感動、想像などを含んだ東洋特有の概念です。これを英語で表現しようとしても、適当な言葉が存在せず、したがって海外でこの言葉を用いる場合は、「KANSEI」と表現されます。

これは当時、経済産業大臣だった甘利明氏が書いていたことで、「卯花墻（うのはながき）という最高峰の茶器を部屋の真ん中に1個置くだけで、たかだか10センチ程度の大きさだけれども何かを訴えてくる。これこそが感性であり、日本にはそういう感性がいろいろと息づいている。だから、もう一度感性を見直して、これを日本の強みにしていこう」ということでした。

ただ、周りを見渡してみると、さまざまな商品、サービスのなかに「感性」をテーマにしたものが、日本には結構たくさんあります。

たとえば「無印良品」（**良品計画**、7453）。このブランドはメーカーの押しつけを排除し、あくまでも使い手の視点で製品を企画したものです。無駄を削ぎ落し、本質は何かを追求し、素材や工程、パッケージの見直しを行うことでできあがったブランドです。まさに感性を重視したブランドといっても良いでしょう。

しかも、無印良品はもともと西武百貨店を中心とするセゾングループのひとつです。そのセゾングループを当時、引っ張っていた堤清二氏は、常に「感性経営」を提唱していました。

その他にも、すでに外資系ファンドに売却してしまいましたが、「TSUBAKI」ブランドを展開した**資生堂**（4911）は、「感触」や「香り・匂い」など感覚や心理に関連する研究を行って、それを製品開発に活かしています。また資生堂と同じ化粧品関連では**コーセー**（4922）が、研究開発の精神を「感性」、「英知」、「信頼性」という3つの言葉に集約させています。

さらに、楽器メーカーのヤマハは、トップメッセージとして「技術×感性で新たな価値を提案し続けます」と表明し、**島精機製作所**（6222）は10年後のビジョンとして、「新たな成長ステージを創造し、感性情報型企業へ進化していく」ということを掲げ、**カプコン**（9697）は「遊文化をクリエイトする感性開発企業」を標榜しています。

感性の時代だから「人的資本」が注目される

感性の時代が意味するものは何なのでしょうか。感性とは、目に直接見えるものではありません。感性の時代においては、目に見えるものだけでなく、**目に見えないものも重視する時代**といっても良いでしょう。

これを企業経営に置き換えると、どうなるでしょうか。

これまで企業に対する評価は、基本的に目に見えるもので計られてきました。毎年決算を行い、その1年間の売上や利益を計算して「損益計算書」を作成し、決算時点における資産や負債の状況を「貸借対照表（バランスシート）」に表示することによって、企業の経営の状況を数字で把握できるようにしてきたのです。

このように、数字によって企業経営の現状を把握するために作成される損益計算書や貸借対照表のことを、「財務情報」と総称します。

ただ、企業のサステナビリティ、つまり経営の持続性を維持するためには、財務情報を見るだけでは不十分だという意見が出てくるようになりました。そこで注目されているのが**「非財務情報」**です。

非財務情報とは「読んで字のごとし」ではありませんが、要するに前述した財務情報以外で、企業の存続性において重視される事項と考えていただければ良いでしょう。具体的に申し上げると、経営者の経営理念や経営方針だったり、コーポレートガバナンスであったり、地球環境の影響に関する情報だったりします。いずれも数字で表現するのは困難なものの、企業経営を永続させていくうえで重要な要素であると言えるでしょう。

もともと非財務情報に関しては、1990年代から議論されていたことで、一部では「ＳＲＩ」といった言葉がそれを代弁しました。ＳＲＩはSocially Responsible Investmentの略で、日本語だと「社会的責任投資」などと言われていました。

ＳＲＩは2000年代の前半を通して若干の盛り上がりを見せたものの、2008年のリーマンショックによって国内外のマーケットが大きく下げたことによって、いつの間にか誰の口にも上らなくなってしまいました。

ところが、ここに来て再び企業の非財務情報に対する関心が高まっているのは、2015年の国連サミットにおいて「SDGs」が採択され、投資家はその行動指針のひとつとして、企業の「ESG」に配慮しなければならないという考え方が広まってきたからです。ESGとは「Environment（環境）」、「Social（社会）」、「Governance（企業統治）」の頭文字を取ったものです。

環境配慮や社会貢献、そして企業統治の在り方は、いずれも数字で定量的に評価できるものではありません。このようにSDGsへの流れが加速していくなかで、投資家は企業に投資するうえでESGに配慮せざるを得なくなり、非財務情報に対する関心が高まってきたのです。

そして非財務情報に対する関心の高まりとともに、よく言われるようになってきたのが**「人的資本」**という言葉です。

この言葉に気づいたのは、2022年6月に発売された会社四季報夏号です。**リンクア**

ンドモチベーション（２１７０）の記事に、「日本で初めて人的資本に関する情報開示のガイドラインである『ＩＳＯ３０４１４』の認証を取得した」という内容が書かれていました。この夏号には、リンクアンドモチベーションを含めて合計4件の「人的資本」というキーワードが確認されました。ただし、まだ4つしか上がってきていないキーワードなので、この時点ではまだ潜在テーマのひとつという感じではあるのですが、恐らくこれから注目度が高まっていくものと考えています。

というのも、人的資本は岸田文雄内閣が打ち出している「新しい資本主義」において、人的資本など非財務情報の開示ルールを策定しており、有価証券報告書への記載を義務づける方向で調整を進めているからです。つまり国策なのです。

株式市場には**「国策に売りなし」**という言葉がありますから、ここは注目しても良いところでしょう。

新しい資本主義は大きく3つに分かれています。それは「成長戦略」、「分配戦略」、「すべての人が生きがいを感じられる社会の実現」です。このうち成長戦略と分配戦略は相互関係にあります。経済が成長することによって、企業の収益増と歳入増が実現して分配原資を稼ぎ出し、それによって分配を可能にします。

そして、分配によって消費や投資などの需要が増加し、成長力が強化されて次なる成長につながっていく、というものです。

では、分配戦略とは何なのかです。これは単純に富める者から貧しい者に所得移転させるということではありません。岸田政権が提唱している分配戦略は、（1）所得の向上につながる「賃上げ」、（2）「人への投資」の抜本強化、（3）未来を担う次世代の「中間層の維持」の3つを挙げています。

そして、（2）の「人への投資」の部分で、企業の情報開示ルールの見直しが盛り込まれており、人的資本への投資の取り組みなどの非財務情報に関する、開示ルールの策定が明文化されています。

無形資産の比率が高まることで株価の上昇を引き起こす

米国大手企業のCEO（最高経営責任者）が参加する経済団体に「ビジネスラウンドテ

ーブル」があります。設立は１９７２年です。

　それまでこの団体は、「株主第一主義」を行動原則としてきました。つまり「企業は株主のものであり、企業は株主の利益を最大化するために活動するべきだ」とする考え方です。

　そのなかでは当然のことながら、企業で働く人はコストだからできるだけ人件費を削って株主に還元するべきだ、としていました。

　ところが２０１９年、ビジネスラウンドテーブルの行動原則が１８０度変わりました。それまでの株主第一主義を見直して、**ステークホルダー重視**に舵を切ったのです。ステークホルダーとは企業の利害関係者のことで、「顧客」、「従業員」、「取引先」、「地域社会」、「株主」全体に目を向けて経営を行うべきだということになったのです。

　この株主第一主義を真面目に履行したのが、実は日本でした。その証拠に、企業の人材投資（ＯＪＴ以外）の対ＧＤＰ比を国際比較すると、日本は他の国に比べて圧倒的に低いのです。ちなみに２０１０～２０１４年の数字を見ると、米国が２・08％で最も高く、次いでフランスの１・78％、ドイツの１・20％、イタリアの１・09％、イギリスの１・06％

企業の人材投資(OJT以外)の国際比較(対GDP比)

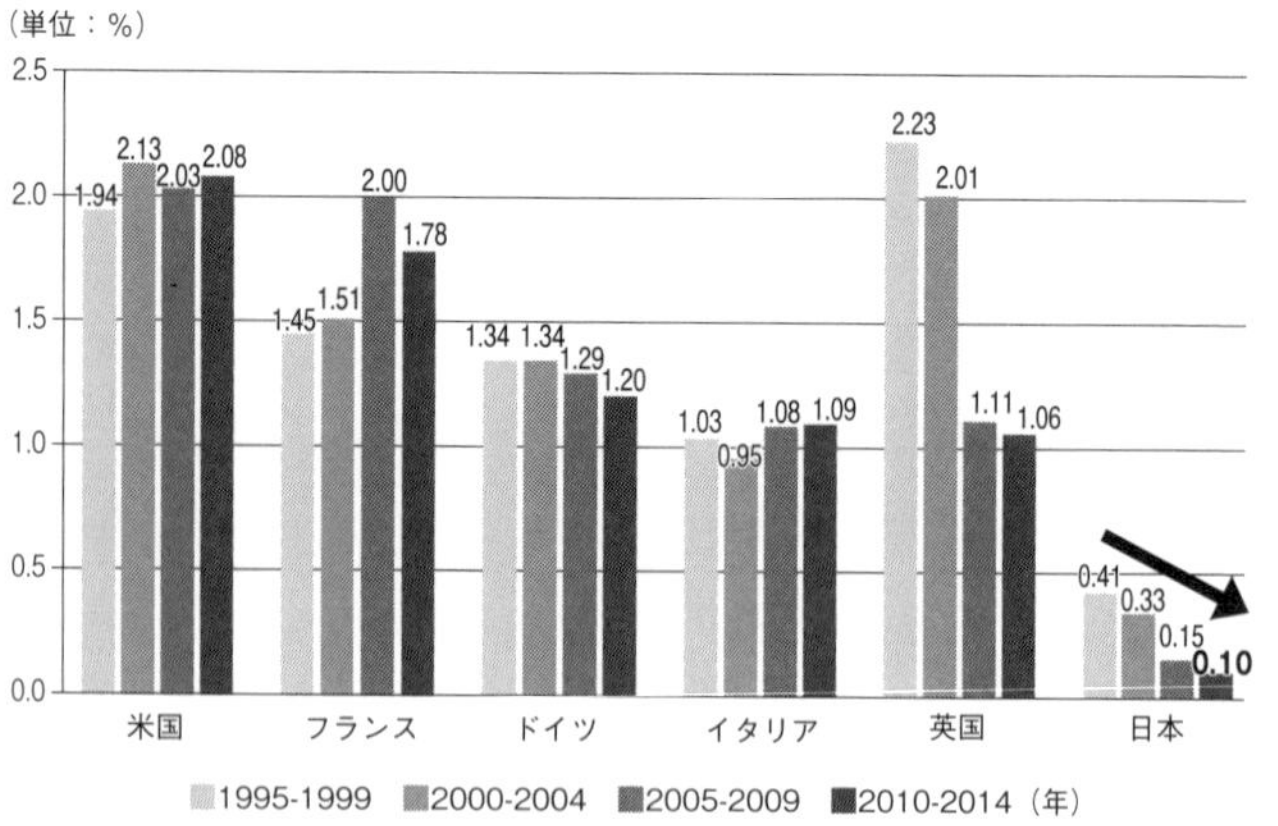

(注) 内閣府「国民経済計算」、JIPデータベース等を利用し、学習院大学経済学部宮川努教授が推計を行ったもの(平成30年版労働経済白書にも掲載)
出所:新しい資本主義のグランドデザイン及び実行計画〜人・技術・スタートアップへの投資の実現〜(令和4年6月7日閣議決定)

に対して、日本のそれは何と10分の1以下の0・10%しかないのです。つまり、日本企業はまったく人材にお金を投じてこなかったということになります。

その結果、日本企業はどうなったのかというと、2000年から2020年までの間に経常利益が91%も増えました。配当金は6倍です。内部留保は2・7倍になり、保有している現預金はほぼ倍になりました。そして、その半面、設備投資や人件費はマイナスになってしまったのです。

もうひとつ、**米国のずるい点**があります。米国企業の時価総額に占める無形資産の推移を見ると、1975年には無形資産の占める比率は17％でしたが、2020年には90％にまで上昇しているのです。企業の無形資産とは、特許権や商標権などの知的資産や人的資産、基礎的資産、ソフトウェア、のれん、借地権といったものが含まれています。

無形資産が90％もあると、PBRは高くなります。なぜなら無形資産はほとんどバランスシートには反映されないからです。単純な話、無形資産が90％ということは、PBRは10倍であることを意味します。

一方、日本企業の無形資産比率はどうかというと、2020年時点で32％と言われています。米国企業に比べて日本企業の無形資産比率は低いわけで、日本企業のPBRは、下手をすると1倍を割り込んでいます。

したがって仮にこの無形資産が企業価値の評価対象になると、日本企業の場合、PBRが1倍割れという状態なので、それだけ**株価の上昇余地が大きい**ことになります。

さらに言えば、これから日本企業は無形資産がどんどん増えていくのではないかという期待もあります。

それは、前述したように日本企業が感性の時代を迎えようとしているからです。と同時に、日本企業の感性豊かな部分が株式市場で評価の対象になっていく可能性も高いと考えています。

日本企業がすでに持っている無形資産の凄さについても、少し紹介しておきたいと思います。

まず**キヤノン**（７７５１）の話。２０１１年の東日本大震災の時、宇都宮工場がダメージを受けてしまい、操業停止というニュースが流れました。

ただ、この話の真相は、自動車通勤していたレンズを磨いている職人の方々が、震災の影響でガソリンが入れられなくなったため通勤できなくなり、レンズの研磨作業に支障をきたしたために、工場の操業を停止したということを耳にしました。

まさに、これこそが目に見えない人的資本なのです。高いクオリティでレンズを磨くことのできる職人さんがいないと、工場が動かなくなってしまうのです。

トヨタ自動車にも自動車のボディの金型をつくっている職人さんで、それこそ１０００分の１ミリ単位で違いがわかるというほどの人がいるそうです。

サントリー（**サントリー食品インターナショナル**、２５８７）のウイスキー製造に関わっているブレンダーの人も同じです。ブレンダーの仕事は、もちろん最低限の知識は必要かもしれませんが、それ以上に必要なのは味や香りを瞬間的に捉える判断力と想像力だそうです。味や香りは数値化が極めて困難なので、日頃から訓練を重ねることによって、たとえば「もう少し華やかな香りを」というオーダーがあれば、瞬時にどうすればそれを引き出せるのかを理解できます。

いずれも**まさに感性の世界**です。これらが数値化され、見える化されるようになった時、新しい企業価値の評価軸が生まれてくるのです。それは、日本企業にとって大きなチャンスともいえるでしょう。

ジャポニスムが再来する

本章の最後に、今後50年くらいのタームで続くと思われるビッグピクチャーをご紹介したいと思います。それは、「**ジャポニスムの再来**」です。

これは今、私が描いているビッグピクチャーのなかでも最も長期的な、それこそ50年くらい先を見越した、メガトレンドといっても良いでしょう。

きっかけは会社四季報の２０１５年春号でした。つまり２０１５年3月の話です。

もう少し話をさかのぼると、１９９０年代の半ばくらいから、中国が世界の工場として一大生産拠点になっていきました。洋服などの一般消費財、食品、工業製品などの多くが、労働コストの安い中国でつくられ、そこから世界中に輸出されていったのです。

かつては「メード・イン・ジャパン」製品が、世界的にも最高水準のクオリティとしてもてはやされた時代もありました。ところが逆に日本製品はガラパゴス化し、世界的にはほとんど注目されなくなりつつありました。

そういう時代のなかで、「おやっ」と思うことがありました。前述の会社四季報で、「メード・イン・ジャパン」の文言が目に飛び込んできたのです。

ひとつは、今はもう上場していませんが、「リーバイ・ストラウス ジャパン」です。ご存じ、リーバイスです。ジーンズを主力とした米国アパレルの日本法人について、記事欄に「アウトレット店は訪日外国人需要も強く拡大意向。直営・ＦＣも『メード・イン・ジ

「メイド・イン・ジャパン」人気は現代版「ジャポニスム」の到来か?

▶リーバイ・ストラウス ジャパン（9836）
【特色】ジーンズ主力の米国アパレルの日本法人
直営・FCも**「メード・イン・ジャパン」を打ち出し**需要喚起

9836 リーバイ・ストラウス ジャパン
【決算】11月【設立】1982.11【上場】1989.6
【特色】ジーンズ主力の米国アパレルの日本法人。カジュアル専門店が主販路。百貨店、駅ビル強化中
【単独事業】ボトムス・男性用65、同・女性用12、トップス・男性用16、同・女性用4、他3
〈14・11〉
【連続赤字】出店は前期並みの3程度。アウトレット店も3予定(前期1)。主力の高単価ジーンズはテレビCM等で需要喚起も競争激しい。円安による仕入れ原価高が打撃。人員削減効果で対抗も営業赤字続く。
【拡大】アウトレット店は訪日外国人需要も強く拡大意向。直営・FCも「メード・イン・ジャパン」打ち出し需要喚起。高単価の新作ジーンズ「501CT」を2月発売。

▶レナウン（3606）＝中国・山東如意子会社
【模索】秋冬商戦でメード・イン・ジャパンを打ち出した新製品発売

3606 (株)レナウン
【決算】2月【設立】2004.3【上場】2004.3
【特色】レナウンとダーバンが経営統合。アパレル名門。不振続き、13年中国・山東如意の子会社に
【連結事業】衣服等繊維製品関連100
〈14・2〉
【戻り歩調】16年2月期はGMS向けブランド堅調。不振続く主力の百貨店向けブランドは消費増税一巡し底打ちだが、回復緩慢。高価格帯商品好調でも力不足。ただ前期までのシステム統合効果発現し、営業増益。
【模索】「ダーバン」は秋冬商戦でメード・イン・ジャパンを打ち出した新製品発売。今後輸出も視野。訪日外国人対応も強化。手薄だったネット販売は人員増やし攻勢。

出典：「会社四季報2015年2集春号」（東洋経済新報社、2015年）

ャパン』打ち出し需要喚起」と書かれていました。

「どうしてザ・アメリカの製品なのにメード・イン・ジャパンなんだろう」と思ったのです。ひょっとしたら他にも同じようなことがあるのではないかと考えて調べたところ、この会社もすでになくなっていますが、「レナウン」の記事に「ダーバンは秋冬商戦でメード・イン・ジャパンを打ち出した新製品を発売」と書かれていました。当時、レナウンには中国の資本が入っていて、中国企業といってもよかったのですが、それがなぜメード・イン・ジャパンにこだわるのかが不思議でした。

でも、他にも似たような事例がいろいろありました。

たとえば2012年2月13日発行の雑誌、プレジデントは「なぜ日本HPは東京に工場を移したか」という記事を掲載しました。HPは、ヒューレットパッカードのことです。言わずと知れた、米国を代表するパソコンメーカーです。そのHP社が中国の工場を閉めて、日本の昭島市に工場を移転させました。当時はまだ中国は世界の工場と目されていたので、そのなかでなぜ日本に工場を移転させたのか、これも不思議だったので調べてみて納得しました。

結論から申し上げると、確かに労働者の賃金は中国のほうが安かったのです。トータルコストで考えると、日本で製造したほうが安いという経営判断が働いたのです。

「トータルコスト」が具体的に何を指しているのか、ということです。まず「納期」です。日本工場で生産すると納期は5営業日で済むのに、中国だと2週間はかかるのだそうです。

2点目は**「カスタムメード」**です。HP社のパソコンはカスタムメードできるのが特徴で、それも1700万通りの組み合わせになるそうです。その組み合わせに対応できるのが、これまた日本だけだったのです。

それも、「日本語」を使う日本工場だからこそ、その多様な組み合わせに対応できるのだそうです。前述した感性の話ではありませんが、日本語は結構感覚的な言葉があって、それが1700万通りのカスタムメードを実現するうえで必要な言葉のやりとりに最適だというのが、HP社が東京に工場を移した理由なのだそうです。

他にも、たとえば世界最大のパソコンメーカーであるレノボが、山形県にあるNEC系の工場でパソコンの日本生産を始めるという記事が2014年10月8日の日経新聞に掲載されていました。さらに同年12月29日のプレジデントには、元マイクロソフト会長のビル・ゲイツが軽井沢に別荘を建てるという話が掲載され、2015年3月13日付の朝日新聞デジタルには、「米国のアップル社が横浜の工場跡地を取得へ」という記事が掲載されました。

そして、2015年3月8日の日本経済新聞には、中国国内最大手の家電量販店である「蘇寧《そねい》電器」の傘下にある「**ラオックス**」（8202）の社長が、「ジャパンプレミアムとして訪日客が価値を見出す日本製品に徹底的にこだわる。日本製ならラオックスと日本人が買いに来る店舗が理想」というコメントが掲載されました。

直近のケースを見ると、日本は外国人観光客にとって、コロナ禍が一段落した後で最も訪れたい国に選ばれています。そして2021年には台湾の半導体メーカーであるTSMCが、**ソニーグループ**（6758）と共同で熊本県に子会社を設立し、半導体の新たな工場を建設すると発表しました。

実は、こうした「日本回帰」的な動きというのは、この数年に始まった話ではありません。どこかで聞いたことがあるなと思って調べてみたところ、1860年代のヨーロッパで、「ジャポニスム」が盛り上がったのです。

ジャポニスムとは何かというと、日本の造形原理、新しい素材や技法、その背後にある美学または美意識、生活様式、世界観などを真似るというもので、芸術の世界ではたとえばゴッホ作の「タンギー爺さん」では、座って正面を見ているタンギー爺さんの背景が浮世絵で飾られています。またアンリ・リヴィエール作の「エッフェル塔三十六景」は、建設途中のエッフェル塔を富士山に見立てたもので、この構図はまさに葛飾北斎の「富嶽三十六景」がモチーフになっています。さらに言えば、クロード・モネが描いた「ラ・ジャポネーズ」は文字どおり、女性が日本の着物を身につけ扇子を持ってポーズを取っています。ホイッスラー作の「陶磁の国の姫君」も、女性が着物を身につけて屏風《びょうぶ》の前に立っている姿を描いています。

ヨーロッパにおけるジャポニスムは、1860年代からその気運が高まり、1910年代まで続きました。実に50年にもわたって続いたのです。これはブームやトレンドなどという軽いものではなく、いわば**「メガトレンド」**だったのです。

また、これは偶然の一致かもしれませんが、このジャポニスムのなかで日本には株式市場が開設されました。1878年のことです。そして、戦前の日本の株価がピークをつけたのが、1920年でした。ジャポニスムと日本の株価上昇が見事に一致しているのです。

この点からも、2015年くらいから再びジャポニスムの動きが出てきていると、私は考えています。

そして、これが1860年から始まったヨーロッパのジャポニスムに範をとるとしたら、**2065年まで続くメガトレンドになる可能性**も十分にあります。かつてのジャポニスムで日本の株価が上昇し続けたのだとしたら、これから日本の株価はさらに上昇する可能性を秘めていて、まさにその緒に就いたところだと考えられるのです。

UFOの存在を笑ってはいけない

皆さんは「UFO」の存在を信じますか。

私は小学校1年生の時から存在を信じていて、それは今もそうです。このような話をすると一笑に付す人もいるのですが、実はUFOの存在を信じられるかどうかは、株式投資をするうえで重要なポイントになってきます。

ＵＦＯが存在するかどうかについて結論を申し上げると、これは存在しています。というか、米国の国防総省は、海軍の航空機が２００４年と２０１５年に撮影したＵＦＯだとする映像を公開しましたし、当時の河野太郎防衛大臣も、自衛隊機がＵＦＯに遭遇した時に備えて、「(対応の) 手順をしっかり定めたい」と述べました。

２０２１年7月22日の日本経済新聞にも、本社コメンテーターの記事として「ＵＦＯ説、もう笑えない」とのタイトルで記事が掲載されました。大半の大人はＵＦＯの話をスルーしますが、かの日本経済新聞でさえ記事で触れるようになったのですから、そろそろ発想の転換が必要なのではないかと思うのです。

これは株式投資に携わる者としての物事の考え方ですが、ＵＦＯが存在する、存在しないという二元論で捉えるのではなく、**「あるかもしれない」**という考え方を持つことが大事なのです。二元論で「ＵＦＯは存在しない」と考えた時点で思考は停止してしまいます。「あるかもしれない」と考えれば、その先の発想にもつながっていきますし、実際に存在した時の対応も素早く取れます。

よく、「それって陰謀論でしょ」と言う人もいますが、どれだけ「とんでも話」だとしても、それはありえる話という視点を常に頭の中に置いておくことが株式投資ではとても大事なのです。

なぜなら、株式投資は森羅万象《しんらばんしょう》を考えに考え抜いて判断を下す行為だからです。それを金融の世界だけの理屈で判断し、それ以外のことはありえないとするのは、まったくのナンセンスなのです。

これまで株式投資はＰＥＲやＰＢＲ、ＲＯＥ、ＲＯＡといった、バランスシートや損益計算書に記載されている数字で投資判断を下していたのが、今は人的資本を投資判断に取り込もうとしています。いずれ超常現象をも取り込んでいく時代が来ても、不思議ではありません。少なくとも、そういう感覚を常に持つことが株式投資をするうえで必要なのです。

第2章

会社四季報でテンバガーを見つける方法

テンバガーとは

結構、間違える方がいらっしゃるのですが、決して「テンバーガー」ではありません。「テンバガー」です。

テンバガーとは、米国の大手運用会社であるフィデリティで、「マゼランファンド」を運用していたピーター・リンチが、『ピーター・リンチの株で勝つ』（ダイヤモンド社）という本の中で用いたウォール街の業界用語です。米国人が大好きなスポーツのひとつであるベースボールで、満塁ホームランのことを「フォーバガー」と言うので、これを転じて株価が10倍になった銘柄のことを「テンバガー」と言うのです。

ピーター・リンチは、1977年から1990年までフィデリティでファンドマネジャーを務め、この間の運用成績は実に驚異的です。

この間、ニューヨーク・ダウは3倍になりました。1987年にはブラックマンデーという株価の大暴落を経験したにもかかわらず3倍にまでなったのは、まさに米国経済の強さを見せつけてくれるようで、確かに凄いことではあります。ただし同じ期間中、ピーター・リンチが運用していたマゼランファンドの運用成績は、実に約28倍にもなったのです。マーケットの平均値が３倍であるのに対して、マゼランファンドは約28倍。なぜこれほどの差が生じたのかというと、ピーター・リンチの投資先を見極める目が非常に優秀だったことに尽きるでしょう。彼は徹底した企業調査を行うことによって、将来、株価が10倍以上になる可能性の高い企業を探しました。具体的には、会社の規模は小さいけれども成長力のある企業を探して、そこに資金を投じていったのです。小型成長株を上手く捉えられれば、株価は10倍どころか１００倍にまで成長する可能性を秘めています。

ピーター・リンチはこの本の中で、こう書いています。

「まずは街に行ってドーナツを食べることが基礎的調査の第一歩」

食べたドーナツが物凄く美味しかったら、そのお店は間違いなく繁盛します。繁盛すれば、そのドーナツ屋さんの業績は向上するでしょう。個人商店では難しいことですが、もしそのお店が全米規模のチェーン店で株式を公開していれば、その株式に投資することによって高いリターンが得られるかもしれません。自分の足を運び、自分の目で見たり、手で触ったり、口に入れたりすることで、企業のさまざまなことがわかります。

とはいえ日本には今、３８００社ほどの上場企業がありますから、すべての企業に足を運んで調査するわけにもいきません。

でも、会社四季報に掲載されているデータを丹念にチェックしていけば、自分で足を運び、企業調査を行ったのと同じ成果を得ることができます。この章では、会社四季報のチェックポイントと、そのなかからテンバガーを見つけるためには、どういう見方をすれば良いのかを説明していきます。

本当に必要なのは14ブロックのうち6ブロック

まず、会社四季報がどういう構造になっているのかという点から説明していきましょう。

会社四季報は全部で14のブロックから構成されています。各ブロックが何を示しているのかというと、

ブロックA……会社名・事業内容など

ブロックB……業績・材料記事
ブロックC……本社所在地・従業員数・平均年収など
ブロックD……株主・役員
ブロックE……財務内容
ブロックF……資本異動
ブロックG……株価推移（高値・安値）
ブロックH……四半期増益率など
ブロックI……業種・時価総額順位・比較会社
ブロックJ……業績・独自2期予想
ブロックK……配当
ブロックL……業績予想前号比
ブロックM……業績予想の会社計画比較
ブロックN……株価チャート・株価指標

このように、詳細な企業情報が記載されている会社四季報ですが、このすべてに目を通す必要はありません。有望銘柄を見つけるために必要な項目は、A、B、E、J、N、Dの6つです。

これを私は「**アベジャパン**（A、B、E、J、N）、**デラックス**（D）」と称しています。

では、それぞれについて、どこに注目すれば良いのかを解説しておきましょう。

【ブロックA】

会社名や証券コード、特色などが書かれているブロックです。ここはいわば自己紹介欄で、ここを読むことによって、どのようなビジネスをやっているのかがわかります。子会社などのグループ企業を持たずにビジネスを展開している企業は「単独事業」で、グループ企業を持っている企業は「連結事業」で、それぞれどのような売上構成になっているのかもわかります。

特色欄に「世界首位」、「業界首位」、「シェア○○割」などと書かれている企業は、その分野で優位性を持っており、優良株である可能性が高まります。

他の企業が真似のできない技術を持っていたり、大きなシェアを占めたりしている企業

会社四季報の見方・使い方

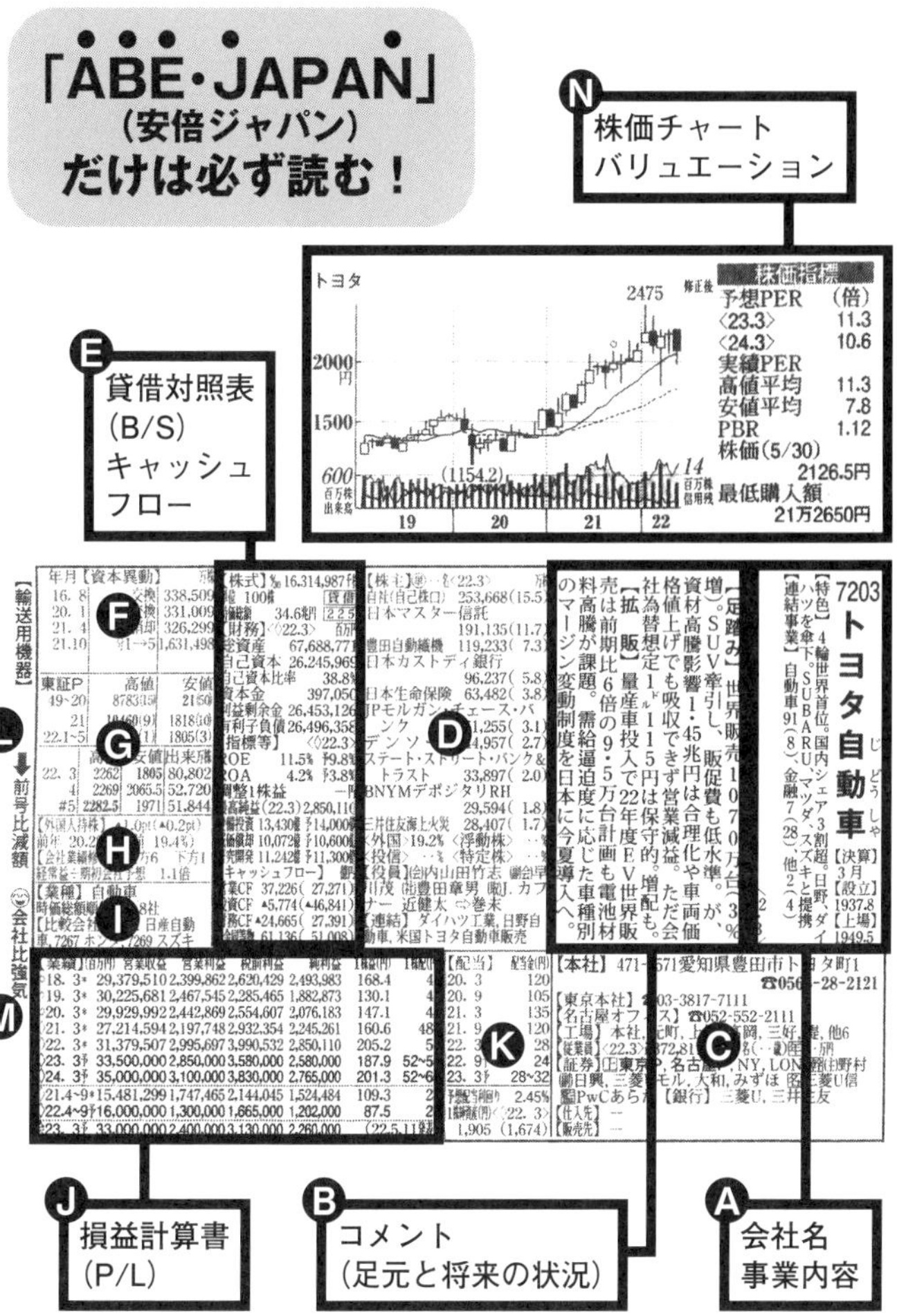

「会社四季報　2022年3集　トヨタ自動車」より

は、その分野における価格決定権を持つことができるので業績が安定する傾向があります。

【ブロックB】

定性評価をするうえで重要なブロックです。企業の現状と今後について、東洋経済新報社の業界担当記者が足で稼いだ情報が記載されています。

コメント欄は2つに分かれています。**【　】**内が見出しになっていて、現状と見通しが一目でわかる表記になっています。基本的に、右側の**【　】**（コメント1）には今期業績など目先の状況、左側の**【　】**（コメント2）には中長期的な成長に関するトピックスなどが記載されます。

たとえば、コメント1の**【　】**に「最高益」といった見出しがあった場合、本文にはその理由や材料が書かれ、コメント2の**【　】**にはそのキーワードと、業績予想の根拠となる材料などが記載されます。

【　】に記載されるワードが、銘柄を見つける際のヒントになります。中小型成長株を探す場合は、「**絶好調**」、「**最高益**」、「**続伸**」、「**急進**」、「**飛躍**」といったポジティブな見出しを探します。

業績回復株を探す場合は、足元の業績は悪化しているはずなので、「悪化」、「赤字」といったネガティブな見出しに注目します。そしてコメント内に、「底打ち」、「V字回復」、「急回復」、「急反発」、「一転黒字」など、先行きについてポジティブなワードがあれば、業績回復の可能性が高いと判断できます。

【ブロックE】

経営の健全性や継続性を見るためのブロックです。後述する業績が大事であることは言うまでもないのですが、企業は「財務」といって、資産や負債の状況を把握することも大事です。財務状況が悪化すると、倒産するリスクが高まるからです。

【財務】には貸借対照表（バランスシート）の重要な数字が記載されています。自己資本比率の高い企業で割安に放置されている株は、バリュー株である可能性が高いと考えられます。また、企業の成長性を見るうえで、【指標等】にある「**最高純益**」は押えておきましょう。過去、純利益が最高だった決算期とその数字が記載されています。この金額を今後、超えてくるかどうかが成長力を把握する際のポイントになります。

【キャッシュフロー】は企業のお金の出入りを把握するための数字です。お金のやりくりが示されているといっても良いでしょう。営業ＣＦは商売上のお金の出入りを示すもので、これはプラスであることが望ましい数字です。投資ＣＦは設備投資や有価証券への投資と回収で生じたお金の出入りを示していて、投資をするとマイナス、投資を回収するとプラスになります。基本的に企業は設備投資をして成長しますから、**投資ＣＦはマイナスが望ましい**と考えられます。そして財務ＣＦは外部から資金調達をするとプラス、借入などを返済するとマイナスになります。そして現金同等物は期末時点でどのくらいの現金が残っているのかを示しています。

【ブロックＪ】

会社四季報の肝ともいうべきブロックです。過去3期分以上の業績と、四季報記者による独自の今期予想、ならびに来期予想が記載されています。

注目ポイントは「売上高」と「営業利益」です。売上高を時系列で見て、どのくらい伸びているのかをチェックします。この伸び率を「**増収率**」と言います。増収率が高いということは、それだけ本業が勢いを増して成長していることを意味します。特に成長株の場合、まだ利益が出ていなくても増収率が高い企業は物凄いスピードで市場を創造して、将来の収益基盤をつくっていると考えることができます。売上高は「顧客数×単価」なので、増収率が高い企業は、顧客数が増えているか、単価が上がっているか、あるいはその両方であり、成長力が強いと判断できます。

また売上高と営業利益を比較すると、どのくらい売り上げて、どのくらい利益を残しているのかがわかります。優良企業の場合、大きな売上とともに利益もしっかり残しているケースが多く見られます。しかし前述したように成長企業の場合は、成長投資というコストがかかることもあるため、利益が出にくいこともあるものの売上が大きく伸びていれば、**将来性が期待できる**と考えられます。

また、一番右に「1株益」という項目があります。これは1株あたりの利益のことで、投資した資金に対してどのくらいの利益を生んでいるのかを表しています。当然、この数字が大きいほど稼ぐ力があると考えられます。

【ブロックN】

株価チャートは株価の値動きを表しています。チャートは縦軸が「株価」、横軸が「時間」を示しています。会社四季報では過去3年強のチャートが掲載されています。

チャート内の縦棒は「ローソク足」といって、一定期間内の株価の値動きを示しています。会社四季報のチャートは「月足」なので、この1本の縦棒が1カ月間の株価の値動きの幅になります。白い縦棒は「陽線」といって、月初よりも月末の株価が高かったことを意味し、黒い縦棒は「陰線」といって、月初よりも月末の株価が安かったことを意味します。

また、チャート上の「実線」と「点線」は移動平均線といって、各ローソク足の月末の株価を平均したものを結んだものです。実線は12カ月の移動平均で、点線は24カ月の移動平均です。「移動」平均というのは、月の経過にともなって月末値を1カ月ずつずらして平均を取るためです。

ローソク足が移動平均線よりも上にある場合は、過去に買った人たちの平均価格に対して今の株価が高いことになりますから、今の株主は利益を得ている人が多いことになります。逆に、ローソク足が移動平均線よりも下にある場合は、今の株主は損をしている人が多いことになります。

チャートを見る時には、方向性を確認します。過去1年程度の値動きを見て、陰線よりも陽線が多いか、または移動平均線が上に向かっている場合は、市場参加者がその銘柄を有望であると判断して買いを入れていると考えられます。逆に、陰線が陽線よりも多いか、移動平均線が下に向かっている時は、市場参加者の多くがその銘柄の株価は下がると評価していることになります。

次に変化を見ます。変化とは、株価の方向や勢いが変わるタイミングのことです。

株価は常に上下しており、どこかでトレンドが変わります。トレンドの変化として、上昇から下落に変わるもの、下落から上昇に変わるもの、ずっと横ばいだった株が突然上昇し始めることもあり、その予兆はチャートに現れます。

たとえば、陰線より陽線が多い上昇トレンドにある時、急に陰線が連続する、急角度で上がっていた移動平均線の角度が緩やかになるなどの変化は、下降トレンドに変わる予兆です。

また、移動平均線の実線は直近12カ月の平均、点線は24カ月の平均ですから、期間が短い実線のほうが新しい情報です。

したがって、市場参加者が「**この銘柄は買える**」と評価した場合、24カ月の移動平均線より先に、12カ月の移動平均線が上がり始めます。そして株価がまだ安い水準の時に、12カ月移動平均線が24カ月移動平均線を下から上に抜けた場合、「**ゴールデンクロス**」といって、買いのタイミングと考えられます。逆に、12カ月の移動平均線が、24カ月の移動平均線を上から下に突き抜けることを「**デッドクロス**」といって、株価が高い水準の時に起きると、売りのタイミングと考えられます。

変化という点でもうひとつ見ておきたいのが、ローソク足の下に並んでいる縦棒グラフです。これは株の取引数を表す「**出来高**」であり、株価が上がっている時は人気のバロメーター、下落している時はパニックのバロメーターとして使います。

たとえば、株価が安い位置で推移している時、出来高が増えて株価も上昇し始めた場合は、市場参加者が買い判断を下した可能性が高いと考えられます。

逆に、株価が高い位置にある時、出来高が増えて株価も下落し始めた場合は、市場参加者の多くが売りに回ったと判断されます。

ブロックNにはチャート以外に重要な情報があります。**「株価指標」**がそれです。これを見ることによって、株価が割高なのか、それとも割安なのかを判断できます。

PERは「株価収益率」のことで、今の株価が1株当たりの当期純利益の何倍まで買われているかを示しています。1株当たりの当期純利益は、ブロックJに書かれていた「1株益」（EPS）です。

またPBRは「株価純資産倍率」のことで、今の株価が1株当たり純資産の何倍まで買われているかを示しています。現在の株価が割安か割高かを判断するために使います。

【ブロックD】

ここには株主構成が記載されています。これはテンバガーになる可能性の高い企業を見つける場合、特に**ここを注視する**ようにしています。なぜなら、テンバガーを実現した企業は、オーナー企業が多いからです。

オーナー企業とは、【役員】欄にある会長や社長が筆頭株主など大株主になっている企業のことです。つまりトップが大株主として企業を所有するのと同時に、経営している企業です。オーナー企業は大胆かつ素早い経営判断を下せるので、リスクが高い半面、急成長によって株価が大きく上昇する可能性が高いと考えられるのです。

四季報で探すテンバガー

会社四季報を読むポイントについては、以上で大体、おわかりいただけたのではないかと思います。

では、ここからは会社四季報を用いて「テンバガー」を発掘する方法を解説していきましょう。使うメディアは紙媒体である「会社四季報」と、オンラインメディアである「会社四季報オンライン」です。

まず、株価10倍のテンバガーになる可能性の高い銘柄の条件について説明しておきます。

第一の条件は、**成長力のある中小型株**を探すことです。中小型株は時価総額で判断します。時価総額は、「株価×発行済株式数」によって算出されるもので、時価総額が小さいほど、株価が何倍にも値上がりする可能性が高まります。基本的に、時価総額が３００億円以下のところで投資先を探すようにしましょう。

第二の条件は、**「企業が大きく成長しているか」**どうかです。なんだかんだ言っても、株価は最終的に、業績を反映して形成されるものだからです。そこで注目したいのが、「増収率」です。1年で売上が前年度比20％以上、増加しているものを探します。別な言い方をするならば、売上が４年間で倍になるような企業です。

ちなみに、会社四季報には「増収率」という数字は掲載されていませんが、売上の前年度比ですから、四季報の業績欄（ブロックＪ）の掲載されている数字を使って計算すれば、簡単に求められます。

ついでに、企業の稼ぐ力も見てみましょう。これは「営業利益率が10％以上かどうか」をチェックします。営業利益とは、売上高から売上原価と人件費・販売管理費を差し引いた金額です。いわばその企業が本業で稼いだ利益になります。

これも会社四季報には数字として掲載されていませんが、ブロックＪにある営業利益と

▶過去の四季報で企業を調べる（1998年4集〔9月発売〕四季報）

※「★」が付く項目は四季報オンラインのスクリーニング機能で絞り込み可能

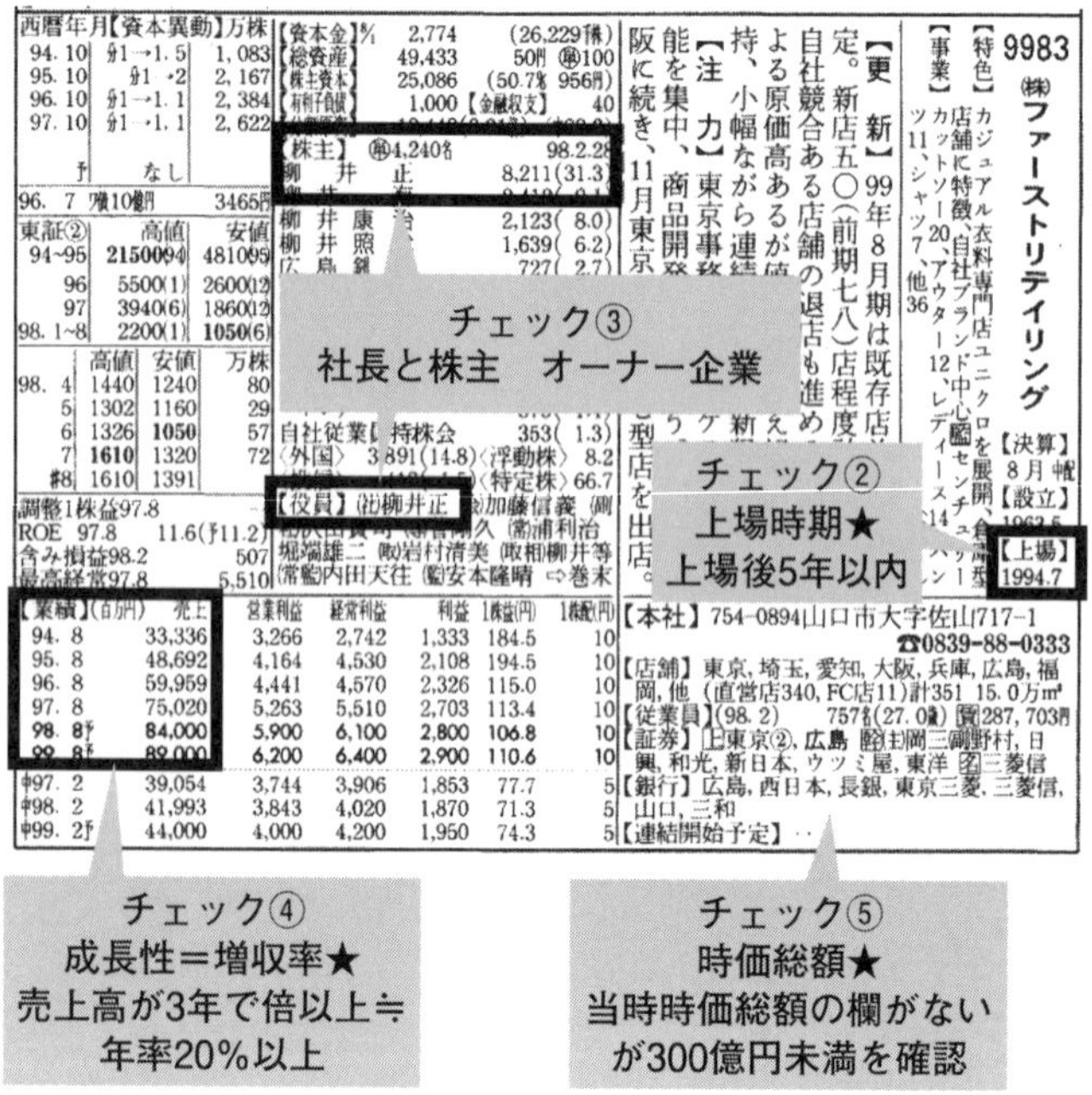

9983 ㈱ファーストリテイリング

【特色】カジュアル衣料専門店ユニクロを展開。自社ブランド中心。

【事業】カットソー20、アウター12、レディース14、ツ11、シャツ7、他36

【決算】8月

【上場】1994.7

【更新】99年8月期は既存店…定。新店五〇（前期七八）店程度…自社競合ある店舗の退店も進め…よる原価高あるが…持、小幅ながら連続…

【注力】東京事務…能を集中、商品開発…阪に続き、11月東京…型店を出店。

西暦年月	【資本異動】	万株
94.10	分1→1.5	1,083
95.10	分1→2	2,167
96.10	分1→1.1	2,384
97.10	分1→1.1	2,622

【資本金】2,774　【総資産】49,433　【株主資本】25,086（50.7%）

【株主】㈱4,240名　98.2.28
柳井正　8,211（31.3）
柳井康治　2,123（8.0）
柳井照…　1,639（6.2）
自社従業員持株会　353（1.3）
〈外国〉3,891（14.8）〈浮動株〉8.2
〈特定株〉66.7

【役員】㈳柳井正

【業績】(百万円)	売上	営業利益	経常利益	利益	1株益(円)	1株配(円)
94.8	33,336	3,266	2,742	1,333	184.5	10
95.8	48,692	4,164	4,530	2,108	194.5	10
96.8	59,959	4,441	4,570	2,326	115.0	10
97.8	75,020	5,263	5,510	2,703	113.4	10
98.8予	84,000	5,900	6,100	2,800	106.8	10
99.8予	89,000	6,200	6,400	2,900	110.6	10
中97.2	39,054	3,744	3,906	1,853	77.7	5
中98.2	41,993	3,843	4,020	1,870	71.3	5
中99.2予	44,000	4,000	4,200	1,950	74.3	5

【本社】754-0894山口市大字佐山717-1 ☎0839-88-0333

【店舗】東京，埼玉，愛知，大阪，兵庫，広島，福岡，他（直営店340，FC店11）計351

【銀行】広島，西日本，長銀，東京三菱，三菱信，山口，三和

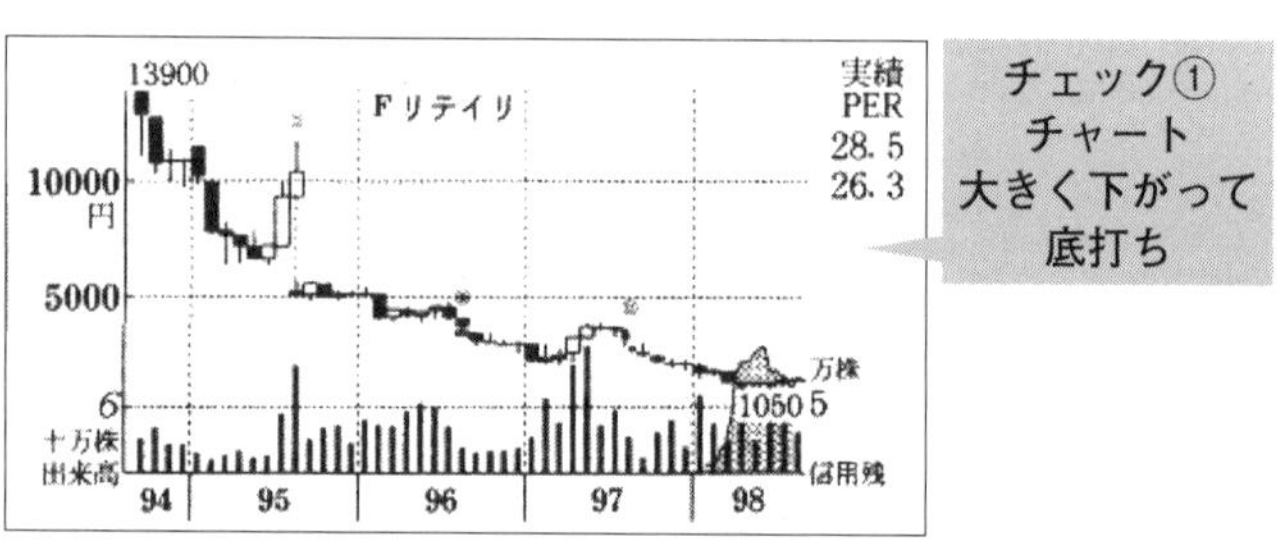

売上高を使って簡単に計算できます。

計算式は、

営業利益率（％）＝営業利益÷売上高×１００

になります。営業利益率の平均値は大体７％前後なので、この計算式で10％以上の数字を出す企業があれば、それはかなり稼ぐ力が強いと考えられます。

そして第三の条件は、「**オーナー企業かどうか**」です。これは「ブロックＤ」を見てください。【役員】欄にある会長や社長が、筆頭株主など大株主になっている企業は、オーナー企業と思っていただいて結構です。

オーナー企業は、創業者や社長が会社を所有し、経営権を持っています。これが強みになります。経営の意思決定を自分でできるため、時代の変化に対して迅速に対応できます。

特に昨今は、時代の変化のスピードがとても速くなっています。それだけにオーナー企業かどうかは、企業を成長させていくうえで重要なポイントになってきています。ちなみに過去のテンバガー銘柄を分析すると、**８割ほどがオーナー企業**でした。

したがって、創業者や創業者の家族、あるいは創業者家族の資産管理会社などが大株主の3位までに入っているような企業を探してみてください。

そしてもうひとつ、第四の条件として、**「上場から5年以内」**ということも付け加えておきましょう。

上場から5年以内ということは、社歴が浅いケースが大半です。もちろん、創業からある程度の年数が経っているものの、上場が比較的最近という企業もこれに含めます。なぜなら上場を機に心機一転、新しいチャレンジをすると考えられるからです。

なぜ株式を証券取引所に上場するのでしょうか。それは資金を調達して、さらにビジネスを拡大しようと考えているからです。そのため株式を上場してから年数が経っていない企業は、事業を大きく成長させようとする意欲があり、それによって売上や利益が大きく伸びる可能性があります。

これは企業に限ったことではありませんが、生まれたばかりの頃は脆弱《ぜいじゃく》でも、どんどん成長し、しかもその成長スピードが加速していきます。でも、ある程度の規模にまで成長すると、成長のスピードが徐々に弱まっていきます。したがって、テンバガーになる企業は、上場から5年以内の若い企業に多く見られるのです。

危ない会社の見つけ方

会社四季報は、投資してはいけない、怪しい会社を炙《あぶ》り出すこともできます。とりわけ、一番避けたいのは、**証券コードと実際の仕事が一致していない会社**です。

証券コードとは、全上場企業についている4ケタの数字のことです。たとえばトヨタ自動車なら「７２０３」、パナソニックなら「６７５２」です。最近は、いささかバラバラになっている感もあるのですが、この証券コードによって、どの業種の企業なのかがわかるようになっています。

この証券コードと実際の業務内容が一致しないケースが、時々見られます。たとえば、証券コードの上2ケタが30～35の業種は繊維製品なのに、なぜか本業が繊維製品ではないケースがあるのです。

たとえば３０００番台なのに、本業が投資会社などになっているような企業は、注意しておいたほうが良いでしょう。なぜなら、「裏口上場」の恐れが濃厚だからです。

裏口上場とは、「不適当な合併等」のことです。

たとえば非上場企業が経営不振に陥っている上場企業を買収して、上場企業を存続会社とする合併を行うのが、代表的なケースです。これによって、非上場企業が上場企業の経営権を握ってしまえば、非上場企業は厳しい上場審査を受けることなく、実質的に株式を上場できたのと同様のステータスが得られます。

最近は東証グロースマーケットのように、上場審査基準が比較的緩い市場があるため、昔のように裏口上場が問題になるケースはありません。ところが明らかに証券コードと違った業種の企業があったら、まずその企業のホームページにアクセスして企業の沿革をチェックしてみましょう。

会社四季報を活用して自分なりの資料を整理してみる

会社四季報を読むだけでなく、そこに記載されている情報を切り貼りして、自分なりの資料にまとめることもできます。

いくつか事例を挙げてみます。これらは大分前に作成したものなので、今とはいささか異なるものではあるのですが、**「四季報を活用してこんなことができる」**という一例として見ていただければと思います。

これは私が野村證券時代、機関投資家に株式をセールスするために作成したものです。まず、自動車のサプライチェーン一覧表です（次ページ参照）。会社四季報には自動車部品のメーカーがたくさん掲載されています。そもそもパーツの数がめちゃくちゃ多いので、この部品が自動車のどの部分に使われていて、そのパーツのサプライヤーにはどういう会社があり、そのサプライヤーは自動車メーカー1社だけにパーツを供給しているのか、それとも複数メーカーに供給しているのかなどを一目でわかるようにしたものです。

自動車のプラモデルをつくる感覚で言うと、自動車のパーツは大体下にシャーシ、上にボディがあって、エンジンが載っていて、エンジンからタイヤに動力を伝える駆動系があり、排気があるというように大別できます。

それをさらに細かく見ると、タイヤを車体に据え付けるための懸架、走っている自動車

本田技研工業			日産自動車（日翔会）		
5192	三ツ星ベルト	ファンベルト	5192	三ツ星ベルト	ファンベルト
5195	バンドー化学	Vベルト	5195	バンドー化学	Vベルト
5801	古河電工		5645	イチタン	クランクシャフト、富士重系
5851	リョービ	ダイカスト専業トップ	5852	アーレスティ	ダイカスト
5852	アーレスティ	ダイカスト・シリンダ	5944	日立粉末冶金	エンジン部品
5854	東京理化工業所	精密ダイカスト	5954	トープラ	ボルトなど
5944	日立粉末冶金	エンジン部品	8052	椿本興行	タイミングチェーン
5954	トープラ	ボルトなど			
5985	サンコール	弁ばね、リングギア			
6371	椿本チェイン	タイミングチェーン			
6437	三條機械製作所	コンロッド			
6470	大豊工業	エンジンベアリング・ダイカスト			
7264	ムロコーポレーション				
7628	オーハシテクニカ	電子燃料噴射装置			
7229	ユタカ技研	排気トータルシステム	7248	カルソニックカンセイ	マフラー
7241	フタバ産業	マフラー最大手			
7248	カルソニックカンセイ	マフラー			
6902	デンソー		7248	カルソニックカンセイ	日産系部品最大
7236	東洋ラジエーター				
7248	カルソニックカンセイ				
6461	日本ピストンリング	リング国内2位	6461	日本ピストンリング	リング国内2位
6462	リケン	リング国内1位	6462	リケン	リング国内1位
6463	帝国ピストンリング				
7218	田中精密工業	ピストンピン			
7229	ユタカ技研	極超低公害対応触媒コンバータ			
4106	エヌイーケムキャット	排ガス用触媒高シェア	4106	エヌイーケムキャット	排ガス用触媒高シェア
5333	日本ガイシ		5333	日本ガイシ	排ガス浄化用触媒
4231	タイガースポリマー		5191	東海ゴム	防振ゴム大手
5191	東海ゴム	防振ゴム大手			
7282	豊田合成	樹脂製品			
			5804	三菱電線工業	
7289	マーレテネックス		7289	マーレテネックス	濾過器大手
7289	マーレテネックス				
6461	日本ピストンリング	カムシャフト	6461	日本ピストンリング	カムシャフト
6463	帝国ピストンリング	カムシャフト	6462	リケン	カムシャフト
7220	武蔵精密	ホンダ向け7割			
6493	日鍛バルブ		7283	愛三工業	
7299	フジオーゼックス	バルブ最大手	7299	フジオーゼックス	バルブ最大手
7251	ケーヒン	ホンダ部品最大、電子燃料噴射	6042	ニッキ	日本初の気化器メーカー
7247	ミクニ	独立系	6503	三菱電機	
7280	ミツバ		7283	愛三工業	
			6041	ボッシュAM	
7245	大同メタル工業	専業最大手	7245	大同メタル工業	

自動車部品サプライチェーンの一例

	自動車部品出荷動向（百万円） （社）日本自動車部品工業会H13年度「自動車部品出荷動向調査」より			トヨタ自動車（協豊会）		
①エンジン部品	その他のエンジン部品	496,483	3.7%	5195	バンドー化学	Vベルト
				5607	中央可鍛工業	
				5954	トープラ	ボルトなど
				5985	サンコール	ばね・ぜんまい
				6371	椿本チエイン	タイミングチェーン
				6470	大豊工業	アルミダイカスト
				7264	ムロコーポレーション	
				7272	ヤマハ発	
	エキゾーストパイプ マフラー／マニホールド	279,315	2.1%	7241	フタバ産業	マフラー最大手、トヨタ6割
	ガソリン噴射ノズル	173,991	1.3%	7283	愛三工業	
	ディーゼル用燃料噴射装置	130,273	1.0%	6041	ボッシュAM	D用噴射首位
				6902	デンソー	部品国内最大手
	ラジエータ	129,741	1.0%	7236	東洋ラジエーター	
	ピストン／ピストン・リング	99,069	0.7%	6461	日本ピストンリング	リング国内2位
				6462	リケン	リング国内1位
				6463	帝国ピストンリング	
	その他排気浄化装置部品	87,629	0.6%			
	触媒装置	71,370	0.5%	5333	日本ガイシ	セラミックハニカム触媒
				5401	新日鉄	触媒用メタル
	ホース類	66,481	0.5%	5191	東海ゴム	防振ゴム大手
	エンジンガスケット及び パッキング	58,251	0.4%	6470	大豊工業	
				6490	日本ピラー工業	ガスケット
				7253	日本ガスケット	ガスケットトップシェア
				7995	日本バルカー工業	工業用パッキング首位
	エア・クリーナー	55,911	0.4%	3116	豊田紡織	エアフィルタ
	オイル・フィルタ	52,115	0.4%			
	バルブ駆動部品及び カムシャフト	50,396	0.4%	6461	日本ピストンリング	カムシャフト
				6462	リケン	カムシャフト
	エンジン・バルブ	45,440	0.3%	6493	日鍛バルブ	
				7283	愛三工業	
				7299	フジオーゼックス	バルブ最大手
	水ポンプ	42,625	0.3%			
	燃料ポンプ／気化器	77,341	0.6%	6042	ニッキ	日本初の気化器メーカー
				7283	愛三工業	
	オイル・ポンプ	32,501	0.2%			
	軸受メタル	31,070	0.2%	7245	大同メタル工業	専業最大手

を停めるための制動装置、自動車の走行状態などを把握するための計器類、各種センサーなどの電子部品などがあります。

このように大まかではありますが、自動車を構成するパーツを縦に、そして自動車メーカーを横に並べることによって一覧表を作成したのです。また、日本自動車部品工業会の「自動車部品出荷動向調査」に記載されている出荷動向を金額ベースで整理してあります。

これを見ると、たとえばエンジン部品の中で「軸受けメタル」というパーツに関しては、トヨタ自動車、**本田技研工業**（7267）、**日産自動車**（7201）の3社共通で**大同メタル工業**（7245）が独占で供給していることがわかります。

また、自動車が空を飛ばない限り、あるいは今の内燃機関からEVに完全に移行したとしても、自動車にはタイヤとホイールが必要です。そこで、どこがサプライヤーとして強いのかを見ると、実はホイールのメーカーは少なくて、1位の**トピー工業**（7231）が3社に納品しているので、この会社がなくなることはないだろうといったことを連想できます。

「よくわかる全国上場小売企業マップ」というのもつくりました。百貨店、スーパー、コンビニエンスストア、ドラッグストア、医薬卸、家電、アパレル、外食など業種別に分類して、店舗数などを都道府県別に記入していったのです（次ページ参照）。

これを見ると、どういう店舗展開をしているのかが一目瞭然でわかります。もう今はなくなってしまいましたが、スーパーマーケットのダイエー。総店舗数は２６６店舗で、そのうち45店舗は本拠地の兵庫県にあります。さらに、それを上にたどっていくと、大阪に33店舗、京都に２店舗、滋賀県に２店舗、ずっと上に行って東京に31店舗というように見ていくのです。

非常に興味深かったのは、滋賀県を拠点にしている**平和堂**（８２７６）でした。総店舗数90店舗のうち、滋賀県に64店舗あります。それ以外に愛知県、岐阜県、北陸三県というように、北國街道など街道沿いに店舗を広げているのです。

ある意味、これは戦国時代の国盗りと同じだなという印象を受けました。そんなことを考えている時、ふと織田信長が滋賀県に安土城を築城したことを思い出しました。滋賀県は日本の中心地であり、交通の要衝だったことから、この地を拠点に全国展開していくイメージが浮かんだのです。

平成16年9月21日作成

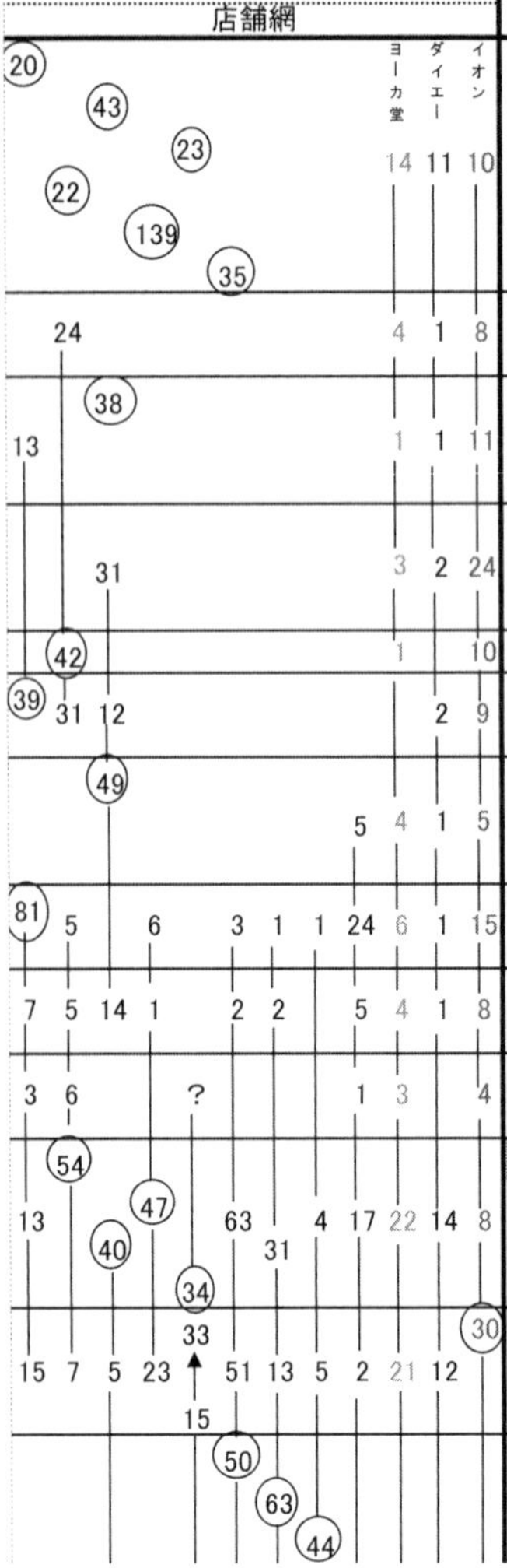

コンビニ・ドラッグ・医薬卸	FC	店舗	万m²
7526 ほくやく(卸)			
7573 ツルハ(イオン)	4	383	
9627 アインファーマシーズ(丸紅)	4	161	
2786 サッポロドラッグストアー(マツキヨ)		80	
9916 バイタルネット(卸)			
7586 寺島薬局(イオン)		99	7.1
2664 カワチ薬品		125	
2717 グリーンクロス・コア(イオン)		107	7.7
2687 CVSベイエリア	29	90	
9946 ミニストップ	1007	1632	海外
9875 マツモトキヨシ	17	631	23.2
3337 サークルKサンクス		4897	
8028 ファミリーマート		5770	63.3
8183 セブン-イレブン・ジャパン		10411	116.3

よくわかる全国上場小売企業マップの例

※人口は総務省発表平成14年10月1日現在推計（千人）

	人口	銀行			百貨店・スーパー		
			域内	合計		店舗	万㎡
北海道	5,670	8328 札幌北洋HD			7512 ポスフール（道央）	20	23.5
		~~8353 北海道銀行~~			7465 マックスバリュ北海道	43	
					7471 ふじ（旭川中心）	23	3.1
					7643 ダイイチ（帯広中心）	22	2.3
					9948 アークス（ラルズ・福原）	139	22.0
					2747 北雄ラッキー（札幌中心）	35	5.6
青森	1,469	8342 青森銀行	102	111			
		8350 みちのく銀行	96	117			
岩手	1,407	8345 岩手銀行	95	110	8080 ジョイス	38	7.5
		8349 東北銀行	48	57			
		8551 北日本銀行	63	85			
宮城	2,371	8341 七十七銀行	127	142			
秋田	1,176	8343 秋田銀行	89	105	2655 マックスバリュ東北	97	12.0
山形	1,235	8344 山形銀行	69	79	9993 ヤマザワ	52	9.1
		8520 殖産銀行	53	61			
福島	2,120	8346 東邦銀行	108	116	8188 ヨークベニマル	106	35.0
		8562 福島銀行	56	60			
		8563 大東銀行	62	64			
茨城	2,990	8333 常陽銀行	143	172	8196 カスミ	119	18.5
		8338 関東つくば銀行	77	85			
栃木	2,010	8352 あしぎんFG					
		8550 栃木銀行	72	94			
群馬	2,032	8334 群馬銀行	108	146	未　ベイシア		
		8558 東和銀行	38	92	（群27、栃8、埼3、茨5、長6、福2、静1）		
埼玉	7,001	8336 武蔵野銀行	88	90	8279 ヤオコー	77	14.1
					9975 マルヤ	77	8.7
					9823 マミーマート	47	7.1
					9974 ベルク	34	6.6
千葉	5,994	8331 千葉銀行	148	160	8267 イオン	364	321.5
		8337 千葉興業銀行	70	71			
		8544 京葉銀行	114	115			
東京	12,219	8339 東京都民銀行	75	80	8178 マルエツ	207	34.4
		8536 東日本銀行	45	76	8182 いなげや（イオン）	130	19.3
					8197 東急ストア	89	26.9

これに対して、**イオン**（８２６７）は飛び地でもどんどん取っていくという店舗戦略を行っています。たとえば東北にあるスーパーのチェーンを買収して、それをイオンブランドに転換するということをするのです。

では、日本で初めて47都道府県を制覇したスーパーマーケットはどこでしょうか。

前述したダイエーです。真っ先に全国を平定したはずのダイエーが、どうして倒産してしまったのでしょうか。

理由は、地域による味覚の違いにあります。

たとえば醤油《しょうゆ》。ダイエーは全国ブランドの醤油を大量に仕入れて、日本全国の店舗で安売りしたのです。ところが実は日本人の味覚は地方によって大きく違います。関東の醤油はしょっぱい味で、九州に行くと甘い醤油が普通に使われています。当然、九州の人は全国ブランドの醤油を使おうとしません。これと同じことは味噌《みそ》にもあてはまります。だから日本では、全国一律の味で大量生産することが難しく、味噌の上場企業は業界4位の**マルサンアイ**（２５５１）しかないのかもしれないという仮説が生まれます。

ただ、微妙な味覚とは関係のないジャンクフードみたいなものは、全国制覇できます。

それはマクドナルド（**日本マクドナルドホールディングス**、２７０２）が証明しています。

でも、スーパーマーケットで全国制覇をする時は、本部一括の経営はダメで、地元のスーパーマーケットを買収したら、そこに経営を任せるくらいでなければ成り立たないのです。

最近は、東洋経済新報社から『会社四季報業界地図』という便利なものが出ていて、これを１冊購入すれば、私が昔、散々苦労してつくった資料に近いものが簡単に手に入ります。

でも、大事なのは自分で苦労してつくることなのです。ひとつひとつ丹念に調べて、時にはその会社のホームページなどもチェックしながら資料を作成すると、調べた情報がまさに自分自身の血肉になるのです。

第3章

四季報を捨てよ、街に出よう

地方企業の株主総会に行ってみた

時系列が前後してしまい恐縮ですが、私が野村證券を辞めた直後に気づいたことは何か、という話をしてみたいと思います。

野村證券で働いていると当然のことですが、株式の売買には著しい制限をかけられます。証券会社で働いていれば、一般個人投資家に比べて早耳情報が入ってきやすいからです。今はインターネット証券なら簡単に板を見ることができます。ところが私が入社した当時はインターネットなどありませんでしたから、板を見ることができるのは証券会社で働いている人の特権みたいなものでした。証券会社と個人投資家の間には、圧倒的な情報の非対称性が存在していました。

証券会社で働いている人が自由に株式を売買できたら、こういった立場的な優位性を悪用して、個人投資家よりも儲けることができます。それではアンフェアだし、個人投資家の信頼を損なうことになるため、証券会社に勤めている人が自分のお金で株式の売買をすることについては、非常に厳しい制約が課せられていたのです。

だから、恐らく証券会社の営業担当者で、実際に自分で株式を売買した経験のある人は、ほとんどいないはずです。現物株式の売買でさえそんな感じですから、ましてや信用取引を経験している人なんて皆無に近いはずです。

そこで私は野村證券を辞めて、まず行ったことがネット証券の口座開設でした。２０１３年に初めてネット証券会社に口座を開き、信用取引も始めてみました。

正直、自分が営業を担当していた頃は、お客様に銘柄を勧めた時も、あるいは信用取引で売買タイミングなどをアドバイスした時も、まあまあうまく行きました。だから自分のお金を増やすことなんて、何の造作もないなどと思っていたのですが、**一瞬で失敗**しました。あっという間に、投資した資金が半分になってしまったのです。

その時、気づきました。株式をセールスする側の視点と、投資家の視点はまるで違うものなのだということを。

正直、これはまずいと思いました。自分が被った損失のことではありません。証券業界全体が、私のように自分で株式の売買をしたら損をしてしまうような人たちばかりで、そんな人たちが一所懸命に株式投資を勧めていることに対して、危機感を覚えるようになったのです。

それで野村證券に在籍していた時から挑戦してみたいと思っていたことを、実行に移すことにしました。それは地方企業の株式を少しずつ、たくさん分散させて投資することです。それによって、野村證券時代にはできなかった株主総会に出席してみようと思ったのです。それに、どうせ株主総会に出席するのであれば、いつも働いて生活している東京ではなく、いろいろな土地をめぐったほうが面白いだろうという考えもあって、地方企業に分散投資することにしました。

実際に投資して株主総会に出席してみると、いろいろなことがわかりました。

たとえば岡山に本社を置く建設コンサルタント会社。時価総額が83億1000万円で、現金同等物が80億1200万円もある会社です。自己資本率も高いため、めちゃくちゃ堅い財務運営を行っていることがわかります。このような超優良財務の企業という点に着目して投資したのに、なかなか株価が上がりません。どうしてなのか、とても不思議に思って、株主総会に参加してみました。なるほど、株価が上がらない理由がわかりました。

経営者もなかなかの人格者で、いかにも地元の名士という感じの方だったのですが、問題がひとつありました。

それは、**会社の体制**です。株主総会会場に並べられている椅子の最前列に、きちんとスーツを着た人たちがずらっと座っていたのです。ほぼ全員といってもいいと思うのですが、社員株主でした。

そして定刻になって「これから株主総会を開会します」と、担当者が開会の宣言をしただけで、その最前列に座っていた社員株主から一斉に拍手がわいたのです。

この様子を見て、「ああ、この会社は社員が社長に忖度《そんたく》していて、株主総会では良い話ばかりが議題になり、悪い話は絶対に上がってこないな」と思いました。そうなると一事が万事で、ガバナンスがしっかり効いているのかどうかも疑わしくなります。

会社四季報で財務内容を見た限り、とても優良な投資先に見えたにもかかわらず、株主総会に出席してみないとわからないこともあるのです。会社四季報を使えばかなりの程度まで有望銘柄を抽出できるものの、最後はやはり自分の目で確認することも大事だと思いました。その意味で、**「四季報を捨てよ、街に出よう」**なのです。

株主総会でわかるダメな企業

株主総会は、株主である投資家と経営陣が対話をする場です。

経営陣は株主総会を通じて、投資家に会社の現状を説明します。その説明を受けた投資家は、説明した内容に対する疑問点や、さらに深掘りして聞きたいことがあったら質問し、それに経営陣が答えるということを繰り返すことで、お互いに理解を深め合うことができます。投資家はその説明に納得できれば、そのまま株式を保有し続けるか、さらに期待できると考えるならば、買い増しを検討します。

ところが実際に株主総会に参加すると、**株主との対話がまったく成り立たない**ような企業が存在することに気づきます。このような企業への投資は避けたほうが良いでしょう。これは実際に株主総会に出席すると、よくわかります。雰囲気そのものが非常に良くないのです。どれだけ会社四季報の数字が良い企業だとしても、投資して株主総会に参加してみて、その雰囲気が悪いと思ったら、私は売却を検討します。

どう雰囲気が悪いのかというと、対話の場であるにもかかわらず、経営陣が株主を敵視してくるのです。

たとえばビジネス系のＳＮＳを運営している企業があります。株主総会には２回、出席させてもらいました。正直、非常に雰囲気が悪く初めて出席した時に辟易《へきえき》したのですが、少しは改善したかもしれないという淡い期待で２回目の株主総会に出席したところ、まったく改善されていませんでした。

後日、たまたま知り合いがこの会社の監査役になっているので、「ちょっと株主総会の雰囲気よくないね」と言ったら、どうやらその企業の社長は、**「個人投資家はいらない」**と言って憚《はばか》らないそうです。確かに、個人投資家のなかには短期の売買を繰り返す人もいて、それはそれで経営者にとっては「目の上のたんこぶ」みたいなものなのかもしれません。それでも株主であることに変わりはありません。経営者としては、最低株数しか持っていない個人投資家も、10万株単位で保有している機関投資家も、分け隔てなく対応する度量の深さが求められます。

情報分析サービスをＥＣ事業者向けに行っている企業は、もっとひどいことを株主に投げつけました。それはある個人投資家が、経営者に向かって株価について質問した時のことです。

ちなみに私は株主総会の場で、経営者に対して株価のことを聞くのは間違っていると思っています。なぜなら株価はあくまでも市場が決めるものであって、経営者が決めるものではないからです。それは大前提なのですが、事もあろうにその経営者は質問した個人投資家に対して、こう言いました。

「私が一番の大株主であり、株価が下落した時の痛みは、私が一番大きいのです」

これ、**NG中のNGワード**といってもいいでしょう。こんなことを言ったのですから、きっと株価が大きく下げている時だったのでしょう。その気持ちは、わからないわけではありません。業績がなかなか伸びず、株価も下落していれば、オーナー経営者としては二重のプレッシャーになります。

でも、このような言い方を社長がすれば、多くの個人投資家は、「大した株数しか持っていない弱小の個人投資家は相手にしたくないということですね。何もかもすべて、最大の大株主であるあなたの一存で決まるのですね」と思うでしょう。

ちょっとこなれた経営者だったら、株価について質問を受けた時、「株価自体は市場が決めるものなので私の力では何ともなりませんが、市場の評価が上がるように努力してまいります」と言うものです。

結果的に、この2つの企業の株価は鳴かず飛ばずの状態が続いています。それは、個人投資家を大事にしない経営者の驕《おご》りが透けて見えるからです。

もうひとつ、極めつきにひどい株主総会をご紹介しましょう。名古屋に本社を置くＩＴ系企業です。私の知り合いに言わせると、この会社の**経営陣はヤバイ**ということでした。それを確認するために名古屋まで行って株主総会に出席したものの、何と議長である社長が不在なのです。そもそも株主総会は社長名で株主を招集しているはずで、その招集をかけた肝心の社長が壇上にいないのです。

しかも議長である社長がいない状態で、そのましれっと総会がスタートしたのです。他の出席者が、「社長はどうしたのですか？」と質問するまで、社長が不在の理由も何も説明せず、株主総会を進めようとしました。こんなことは前代未聞です。

こんな企業に投資し続けていてもロクなことになりません。即、売却しました。現在、この企業の株価は、高値から見て20分の1くらいの水準にあります。

投資し続けたくなる株主総会もある

逆に、業績は決して良いとは言えないものの、応援したくなる企業もあります。いい話なので、これは具体的な企業名を上げます。**「石井食品」**（２８９４）がそれです。湯せんタイプのハンバーグやミートボールで有名な会社です。

千葉県船橋市に本社を構えていて、コロナ禍前は市民ホールを借りて株主総会を行っていました。本当に小さな会社なので、株主総会にどのくらい人が集まるのだろうなどと考えながら出席しました。

ところが、出席者が大勢いるのです。ざっくりしたイメージで恐縮ですが、３００人くらい入るホールに２００人を超える投資家が参加していたと思います。ちなみに石井食品では「株主総会」ではなく「株主ミーティング」と称していて、**雰囲気はまるで縁日**です。

個人株主とはいえ、実は石井食品の製品のファンが大勢いて、株主総会に参加することを楽しみにしている雰囲気でした。会場には石井食品の製品が全部並べられていて、その場で購入することもできますし、試食会も開かれていました。

正直、業績は厳しいところがあります。会社四季報を見ると、2020年3月期、2021年3月期の連結決算はいずれも赤字。2022年3月期は若干黒字化したものの、原材料価格の高騰や光熱費負担が重くなっていて厳しい状況は変わらず。2021年7月あたりから、株価は245円前後で小幅な値動きが続いています。

業績は赤字続きで株価にも値動きがないなどとなったら、普通の株主総会だったら、株主から厳しい提案が出ても不思議はありません。

ところが私が参加した株主総会で、個人投資家が何を提案するかと思えば、

「業績赤字で3円配当していますが、それ出さなくていいですよ」

「私の好きな商品がいつも棚にありません。ついては営業にもう少し人員を割いていただき、商品を売り込んでいただいたほうが良いのではないでしょうか」

しかも株主総会が終わる時、当時、創業家だった石井会長が登壇して挨拶されたのです。その話がまた振るっているのです。

楽しさが伝わってくる石井食品の「株主ミーティング」

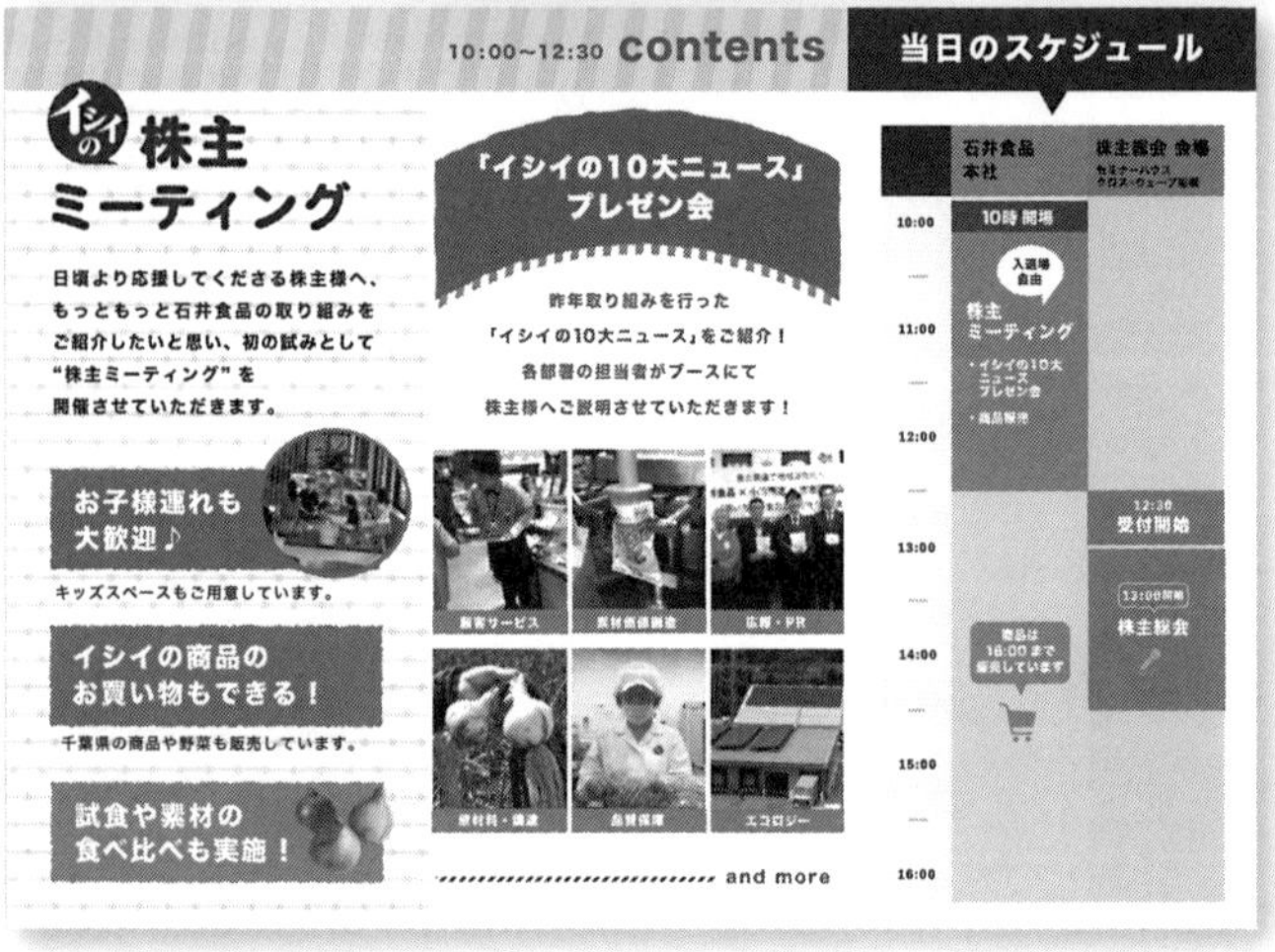

石井食品HPより

ご購読ありがとうございました。今後の出版企画の参考に致したいと存じますので、ぜひご意見をお聞かせください。

書籍名

お買い求めの動機

1 書店で見て　2 新聞広告（紙名　　　　　　）

3 書評・新刊紹介（掲載紙名　　　　　　）

4 知人・同僚のすすめ　5 上司、先生のすすめ　6 その他

本書の装幀（カバー），デザインなどに関するご感想

1 洒落ていた　2 めだっていた　3 タイトルがよい

4 まあまあ　5 よくない　6 その他(　　　　　　)

本書の定価についてご意見をお聞かせください

1 高い　2 安い　3 手ごろ　4 その他(　　　　　　)

本書についてご意見をお聞かせください

どんな出版をご希望ですか（著者、テーマなど）

郵便はがき

料金受取人払郵便

牛込局承認

8133

差出有効期間
2023年8月
19日まで
切手はいりません

162-8790

東京都新宿区矢来町114番地
神楽坂高橋ビル5F

株式会社ビジネス社

愛読者係 行

ご住所 〒 TEL:　　(　　)　　FAX:　　(　　)		
フリガナ お名前	年齢	性別 男・女
ご職業	メールアドレスまたはFAX メールまたはFAXによる新刊案内をご希望の方は、ご記入下さい。	
お買い上げ日・書店名 年　月　日　市区町村　書店		

「健康に良い、安心、安全のおせち料理ですが、海外から輸入した栗を使って栗きんとんをつくったところ、雑菌が入っていたので急遽《きゅうきょ》、国産品に切り替えたら、コストが高くなって赤字になってしまいました。本当に申し訳ございません」と会長が説明した途端、会場が拍手喝采《かっさい》に包まれました。

こんな株主総会を見たのは、初めてです。経営陣と株主が対立するのではなく、一緒に経営に関わっている、そんな雰囲気がありました。この株主総会を見た時、**株主総会は経営の場**だということを改めて実感したのです。

こういう株主総会には要注意

株主総会に参加する時に注目するべき点を挙げておきましょう。

もちろん、経営者の人となりを把握するうえで役に立つ株主総会ですが、まず見ておきたいのは会場全体の雰囲気です。「雰囲気」といっても、いささか漠然《ばくぜん》としていますね。要するに**会場の動きに統率感があるか**どうかをチェックします。前述した名古屋の企業のように、株主から「社長はどうしたのですか?」と質問を受けるまで何も説明しないなどというのは、もっての外です。

もちろんそれはかなり極端な事例です。普通に考えれば、株主は身銭を切って投資してくれている人たちですから、企業にとっては応援団です。その応援団と年1回、直接顔を合わせる場が株主総会です。とても貴重な機会ですから、株主総会に参加している社員が、株主にどのような対応を取るのかは重要な情報になります。

前出のビジネス系SNSを運営している企業のように、社長自身が「個人投資家はいらない」などと公言しているようだと、社員も必然的に同じような対応を株主にとるようになります。それが株主総会の雰囲気に現れるのです。

あと、これはオーナー系の企業によくある話なのですが、株主が質問をした時、経営者が自分の言葉で話すのではなく、「では、これは担当の○○さんに」と言って**担当者に振るケース**。これもNGです。なぜなら、経営者自身が経営について語る言葉を持っていないことになるからです。経営者は株主からどのような質問が飛んできても、すべてに答えられなければなりません。

あとは将来、**自分の会社の成長イメージを持っているか**どうかという点も、重要なチェックポイントになります。

ここで言う「将来」の時間軸は、大体10年くらいでいいでしょう。「10年後の御社の姿を教えてください。御社の事業領域が10年後、どのくらいの規模になっているのか。そのなかで御社はどのくらいのシェアを取ろうとしているのか。ざっくりしたもので結構ですから教えてください」と質問するのです。

この質問に対してアバウトな数字でもいいので、それを提示して語れない経営者は駄目です。何の将来イメージも持たずに経営しているような経営者は失格といっても過言ではないでしょう。

この将来イメージについては本当に大事なことなので、株主総会に出席して他の株主からこの質問が出てこない時は、率先して手を挙げて質問してください。これに満足に答えられないような企業の株式は売りです。

ちなみに本当に頭の良い経営者だと、この質問にきちんと答えたうえでプラスアルファの答えも乗せてきます。それも誰にでもわかるように説明してくれます。難しいことを難しく語るような経営者は、社員に対する説得力を持たない経営者と考えていいでしょう。率直に言えば、社員は経営者ほどモノを考えていませんし、そういう社員を牽引《けんいん》していくためにも、経営者には**誰が聞いても理解できるように話せるだけの説明力が必要**です。優れた経営者は必ずそれを備えています。

地方にしかない情報に触れる

どうして地方企業の株主総会に出席しようと思ったのかというと、一番の理由は、まだ行ったことのない土地を見てみたいということもあるのです。やはり現地に行ってみないと、わからないことがたくさんあるからです。

たとえば**アメイズ**（６０７６）という、福岡証券取引所単独上場の企業があります。大分県に本社を構える、この企業の情報は東京にいるとなかなか入ってきません。

もちろん、会社四季報には基本的な情報が掲載されていますから、業績や財務情報などはわかります。

でも、この企業の不思議なところは、ホテルの立地なのです。本来、ホテル事業はお客様商売ですし、観光する際に泊まる場所というのが常識です。なので多くのホテルは有名な観光地や商業地が近くにあるところに建てるのがセオリーです。

ところがアメイズのホテルは、観光地や商業地とはあまり関係のないような場所に建てられています。しかも駅前ではなく、辺鄙《へんぴ》なところや高速道路のインターチェンジ付近に建てられている物件が結構多いのです。この疑問に対する答えは、会社四季報には載っていません。だから最低株数を買って株主になり、株主総会に出席してみるのです。

アメイズの株主総会に出席して質問の時間になった時、この疑問を社長にぶつけてみました。当時はコロナ前でインバウンドが大きく伸びている時でした。当然、多くのホテルチェーンは観光地の近くにどんどん新しいホテルを建設していました。そのなかで、なぜ御社はインバウンド観光客を取り込むには不利と思われるような場所にホテルを建設するのかと質問したのです。

よくぞそこを聞いてくれましたと言わんばかりに、社長は語り出しました。

「もちろんインバウンド需要があるのはわかります。でも田舎に行けば行くほど、工事現

ホテルAZは駅近よりもインターチェンジの近くに展開

鹿児島

鹿児島姶良店
九州自動車道「姶良IC」より車で約7分
TEL.0995-66-3101
〒899-5651 鹿児島県姶良市脇元481-1
客室数:91室
駐車場:70台
食事処:AZcafe
予約 MAP 店舗ページ

鹿児島伊集院店
南九州西回り自動車道「伊集院IC」より車で約2分
TEL.099-272-1133
〒899-2501 鹿児島県日置市伊集院町下谷口字加治屋田2019
客室数:91室
駐車場:61台
食事処:AZcafe
予約 MAP 店舗ページ

鹿児島出水店
南九州自動車道「水俣IC」より車で約35分
TEL.0996-65-6001
〒899-0405 鹿児島県出水市高尾野町下水流2020-6
客室数:91室
駐車場:116台
食事処:AZcafe
予約 MAP 店舗ページ

鹿児島大崎店
東九州自動車道「野方IC」より車で約24分
TEL.099-476-3333
〒899-7306 鹿児島県曽於郡大崎町永吉5016
客室数:91室
駐車場:148台
食事処:AZcafe
予約 MAP 店舗ページ

鹿児島川辺店
指宿スカイライン「川辺IC」より車で約20分
TEL.0993-58-3401
〒897-0221 鹿児島県南九州市川辺町田部田3614-1
客室数:91室
駐車場:73台
食事処:AZcafe
予約 MAP 店舗ページ

鹿児島喜入店
指宿スカイライン「谷山IC」より車で約30分
TEL.099-343-5501
〒891-0202 鹿児島県鹿児島市喜入中名町2936-3
客室数:133室
駐車場:106台
食事処:AZcafe
予約 MAP 店舗ページ

鹿児島垂水店
東九州自動車道「国分IC」より車で約50分
TEL.0994-32-3301
〒891-2115 鹿児島県垂水市浜平2167番24
客室数:133室
駐車場:144台
食事処:AZcafe
予約 MAP 店舗ページ

アメイズHPより

場もたくさんあることをご存じですか。全国に工事現場はあるのに、その近くに泊まるところがないのです。だから絶対に宿泊施設が必要なのです。それもリーズナブルな料金で泊まれることが大事です。そういう宿泊施設が必要なのに、現実にはほとんどないのです。だから、私たちはそういう場所にホテルをどんどん建てているのです」

誰もが納得できる答えでした。しかもリーズナブルな料金を実現するために、ホテルのオペレーションを軽くしているのです。

実はアメイズの社長は、同じく大分から全国に向けてファミレスを展開している**ジョイフル**（９９４２）の経営者と同じ一族です。ですから、アメイズが展開している「ホテルAZ」の朝食バイキングはジョイフルに委託しています。

こういう情報は、会社四季報を読むだけではわかりません。だから企業のことをより深く知ろうとしたら、会社四季報の情報とともに、やはり自分の足で稼いだ情報がモノを言います。そのひとつの方法が株主総会への出席なのです。

ちなみにアメイズの業績を見ると、コロナ禍が深刻化していた２０２０年11月期、２０２１年11月期とも、やや売上と利益は落ちたものの、ほとんど影響を受けることなく、黒字決算を続けています。それはつまり他のホテルチェーンがターゲットにしていたインバウンド観光客以外のニーズをしっかり取り込んでいる何よりの証拠といって良いでしょう。

実際にその土地に行ってみないとわからないことは結構あります。**コメリ**（８２１８）もそうです。コメリが運営しているホームセンターは、大半が田んぼや畑だらけのところに建てられています。

大勢の買い物客に集まってもらいたいのであれば、もっと人がたくさんいるところに店舗を構えそうなものです。でもコメリが田んぼだらけのところに店舗を構えているのは、その場所にこそニーズがあるからです。

正直、これも実際に株主総会で確認してみないとわからないことです。

情報には一次情報と二次情報があります。一次情報は自分自身が実際に体験して得た情報で、二次情報はすでに収集され収納されている情報のことです。メディアなどを通じて流れてくる情報は二次情報です。つまり日本経済新聞や会社四季報に掲載されている情報は、二次情報です。これは前述した伝説的なファンドマネジャーのピーター・リンチが言っているとおり、「街に出てドーナツを食べることが基礎的調査の第一歩」なのです。株主総会に参加するのは、まさにこの一次情報の収集に相当するのです。

企業の原点を実際に見に行く

私が主宰している「複眼経済塾」では、「複眼リサーチ」と銘打って、日本の産業の原点を見に行くツアーをしています。

最初に訪れたのは、２０１５年11月25日の茨城県日立市でした。この場所は**日立製作所**（６５０１）発祥の地です。そこからトヨタ自動車発祥の地ということで愛知県豊田市を訪れたり、お金の歴史を知るために東京都中央区にある貨幣博物館にも行ったりしました。

渋沢栄一といえば２０２１年のＮＨＫ大河ドラマで話題になりました。私たちはそれ以前の２０１６年の時点で渋沢栄一の生家や富岡製糸場などゆかりの地を回りました。

もちろん、このツアーの目的は歴史を振り返るだけではありません。２０１６年２月は「先端技術（宇宙とロボット）」というテーマで、茨城県つくば市を訪れました。ここにはＪＡＸＡの筑波宇宙センターがあります。またロボットについては、**サイバーダイン社**

（CYBERDYNE、７７７９）のサイバーダインスタジオを訪ねました。このスタジオには最先端のロボット技術と触れ合う展示物があります。

栃木県のバンダイミュージアムにも行きました。東武鉄道に乗って、栃木県にある「おもちゃのまち駅」で下車すると、おもちゃ産業の栄枯盛衰を肌で感じることができます。高度経済成長期に、玩具メーカーであるトミー工業（現在の**タカラトミー**、７８６７）の働きかけにより、玩具製造関連企業が集積する工業団地である「おもちゃ団地」がつくられたのです。きっと、当時はおもちゃ団地で働く人たちで賑《にぎ》わったと想像されます。しかし、おもちゃの製造拠点はいち早く海外に移転してしまったので、今はかつてほどの賑わいはありません。まさにひとつの産業の栄枯盛衰《えいこせいすい》を見る思いです。

非常に興味深かったのは、２０１６年６月８日に訪れた静岡県浜松市のスズキ歴史館です。なぜ**スズキ**（７２６９）がインドで圧倒的に強いのか、その理由がわかりました。

スズキだけでなく、トヨタ、ホンダ、ヤマハは皆、浜松から出た自動車メーカーです。ヤマハは完成車こそつくっていませんが、**ヤマハ発動機**（７２７２）がトヨタにエンジンを供給しているのは有名な話です。

複眼リサーチ訪問先リスト

日時	場所	テーマ	訪問場所
2015年11月25日	茨城県日立市	日立製作所発祥の地	日立製作所、日鉱記念館、御岩神社、餃子店
2015年12月9日	愛知県豊田市	トヨタ自動車発祥の地	トヨタ博物館、豊田産業技術記念館、ノリタケの森
2016年1月14日	東京都中央区	お金の歴史	貨幣博物館
2016年1月22日	群馬県富岡市、埼玉県深谷市	産業の父・渋沢栄一	深谷駅、富岡製糸場、渋沢栄一生家、渋沢栄一記念館
2016年2月23日	茨城県つくば市	先端技術（宇宙とロボット）	筑波山神社、JAXA、サイバーダインスタジオ
2016年3月9日	大阪府大阪市	天下の台所大阪（淀屋常安、市場発祥の地、ドラマ「朝が来た」）	淀屋の碑、堂島米市場跡記念碑、住友銅吹所跡、大同生命（加賀屋跡地）、大阪企業家ミュージアム、松下幸之助歴史館
2016年4月12日	千葉県木更津市ほか	鉄は国家なり	新日鐵住金君津製鐵所、西山彌太郎・千葉歴史記念館、證誠寺（狸の歌の発祥地）
2016年5月13日	栃木県	日産自動車、おもちゃの海外生産移転	日産自動車栃木工場、おもちゃのまち駅、バンダイミュージアム
2016年6月8日	静岡県浜松市	スズキの原点	スズキ歴史館、うなぎ屋、浜松城、航空自衛隊浜松広報館「エアーパーク」
2016年7月12日	千葉県野田市ほか	日本の味・しょうゆと醸造技術	キッコーマン野田工場、櫻木神社、野田醤油発祥の地、キリンビール取手工場
2016年8月25日	山梨県勝沼市ほか	リニア新幹線と世界最高峰のワイン（ジャポニスムの再来）	リニア見学センター、勝沼ぶどうの丘、中央葡萄酒ワイナリー
2016年9月14日	東京都中央区	新しく生まれ変わる東京、古くからある東京	築地市場場内、場外、吉野家1号店、ガスの科学館、TOKYO WATER TAXI、駒形どぜう、江戸東京博物館
2016年10月26日	東京都中央区ほか	オリンピックと静脈産業を知る	有明アリーナ、海の森水上競技場予定地、中央防波堤埋立処分場、東京都水の科学館、billsお台場、葛西水再生センター
2016年11月28日	京都市	産業の集積地京都を知る	島津創業記念資料館、京セラファインセラミック館、木嶋神社（蚕の社）、東映太秦映画村、伏見稲荷大社、京都伝統産業ふれあい館、寺田屋、月桂冠大倉記念館
2016年12月9日	佐賀県佐賀市	先端技術を導入した鍋島藩	オプティム株主総会、肥前一宮與止日女神社、徴古館、佐賀歴史民俗館、大隈重信生家、鶴屋菓子舗
2017年2月1日	埼玉県秩父市	日本のお金の原点	秩父鉄道車両公園、銭神様聖神社、和同採掘露天掘り跡、秩父神社、秩父まつり会館、武甲山資料館

2017年3月1日	新潟県南魚沼郡	おもてなしサービスの施設	ガーラ湯沢
2017年3月10日	兵庫県神戸市	川崎重工と働き方改革の原点	北野異人館街、竹中大工道具館、ファミリア神戸元町本店、中華街、神戸別品博覧会、生田神社、荒田八幡神社、8時間労働発祥の地、神戸海洋博物館（カワサキワールド）
2017年4月18日	福島県浜通り	福島の復興	Jビレッジ、大熊食堂、浪江町役場本庁舎、スパリゾートハワイアンズ、大國魂神社、いわき市石炭・化石館「ほるる」
2017年5月9日	山梨県小渕沢、長野県諏訪市	諏訪の精密産業と3万年前の日本経済の中心地	サントリー白州蒸留所、下諏訪歴史民俗資料館、時の科学館（セイコー）、諏訪大社4社、黒曜石埋蔵文化財センター
2017年6月2日	山形県山形市	山形と京都の文化を結んだ紅花	山形城、山形県立博物館、最上義光歴史館、千歳館
2017年7月11日	岐阜県関ケ原ほか	合戦と株式市場の類似性を知る	美濃一宮南宮大社、関ケ原町歴史民俗資料館、関ケ原史跡、岐阜市歴史博物館、岐阜城、鵜飼い見学、内藤記念くすり博物館（エーザイ）
2017年8月24日	宮城県仙台市ほか	栄枯盛衰、東北経済の原点	覚範寺、青葉城址、東北歴史博物館、多賀城跡
2017年9月6日	神奈川県横浜市	日本の開国を知る	伊勢山皇大神宮、横浜開港資料館、開港記念会館、横浜税関資料展示室、日本郵船歴史博物館、ホテルニューグランド、氷川丸
2017年10月18日	栃木県日光市足尾	古河財閥、富士電機、富士通の原点と公害問題	足尾歴史館、足尾銅山観光、間藤水力発電所跡、足尾製錬所跡、足尾環境学習センター、龍蔵寺、田中正造旧宅
2017年11月12日	東京都	国防と憲法改正を考える	防衛省、国立公文書館、憲政記念館
2017年12月26日	東京都台東区上野	ジャポニスムを考える	西郷隆盛像、ゴッホ展巡りゆく日本の夢、北斎とジャポニスム
2018年1月24日	山口県萩市	明治維新150年、日本の産業革命	萩博物館、藤田伝三郎生誕の地（同和鉱業、藤田観光、南海電鉄創始者）、松陰神社、松下村塾、至誠館、萩反射炉、明倫館
2018年2月20日	新潟県	金属磨きの技術集積地	湯沢町歴史資料館「雪国館」、雪国の宿「高半」、スノーピークHQ、三条市歴史民俗産業史料館、燕市産業史料館
2018年3月1日	東京都中央区日本橋兜町	日本の金融市場の発祥の地	東京証券取引所、日証館、兜神社、銀行発祥の地（現みずほ銀行兜町支店）、郵便発祥の地
2018年4月24日	長野県駒ケ根市・伊那市	サステナブルと「昆虫食」を考える（SDGs）	養命酒駒ヶ根工場、分杭峠、産直市場グリーンファーム、伊那市創造館「大昆蟲食博」、塩尻駅「ほっとしてざわ」
2018年5月16日	福島県相馬市・南相馬市	福島第一原発に迫る	相馬中村神社、中村城址跡、相馬神社、伝承鎮魂祈念館、小高神社、南相馬市博物館、農家民宿、福島第一原発20キロ圏内ツアー
2018年5月28日	兵庫県神戸市御影町	戦前の大富豪の邸宅を見る	大林義雄邸、小原流小原邸、弘世助三郎邸（日本生命創始者、現蘇州園）、武田長兵衛邸、乾新治邸、野村徳七邸、村山龍平邸（朝日新聞創始者）、岩井勝次郎邸

2018年7月10日	千葉県大多喜町	国産初の天然ガス産出地	上総一宮玉前神社、大多喜町「天然ガス記念館」、養老渓谷駅、チバニアン、勝浦駅
2018年8月7日	秋田県小坂町	縄文文化、サステナブル、エコタウン	伊勢堂岱遺跡、尾去沢鉱山、大湯環状列石、エコリサイクル、小坂鉱山事務所、最古の芝居小屋「康楽館」
2018年8月27日	広島県呉市	戦前の技術集積地	大和ミュージアム、海上自衛隊呉資料館「てつのくじら館」
2018年10月23日	福島県会津若松市	明治維新150年、賊軍とされた会津の検証	野口英世記念館、會津藩校日新館、藩主松平容保墓所、近藤勇墓所、鶴ヶ城、福島県立博物館、白虎隊記念館
2018年11月28日	鹿児島県鹿児島市	薩摩藩から維新150年を考える	尚古集成館、五代友厚像（大証創設者）、歴史資料センター黎明館、西郷隆盛終焉の地、維新ふるさと館、東郷平八郎、大久保利通生誕の地、豊臣秀頼の墓、知覧平和会館
2019年1月15日	東京都文京区	オリンピック前年、日本体育の父嘉納治五郎	筑波大学東京キャンパス、占春園（嘉納治五郎像）、講道館柔道資料館、永昌寺（講道館柔道発祥の地）
2019年1月29日	和歌山県串本町ほか	自然との調和、トルコとの友好	南方熊楠記念館、トルコ記念館、神倉神社、熊野那智大社、太地町立くじらの博物館、橋杭岩
2019年2月27日	群馬県太田市、埼玉県行田市	日本の飛行機発祥の地、埼玉県名発祥の地	旧中島家住宅、前玉神社、さきたま史跡の博物館、片倉シルク記念館
2019年3月1日	東京・上野国立科学博物館	明治150年記念、日本を変えた千の技術博	
2019年4月24日	福島県双葉郡	原発廃炉に向けた大きな一歩	奇跡の神社、Jビレッジ、大熊町新庁舎、リプルンふくしま、特定廃棄物処分施設、アンモナイトセンター、東電廃炉資料館、あぶくま洞、UFOふれあい館
2019年5月23日	高知・徳島	三菱創業者、メディアドゥ創業者の原点	岩崎彌太郎生家、キャンプパーク木頭、土佐神社、技研製作所
2019年9月6日	大阪・堺市	水都大阪の歴史を振り返り、日本最古の官道「竹内街道」、大阪万博予定地・夢洲の未	和泉國一宮大鳥大社→堺市博物館→仁徳天皇陵→金岡神社→竹内街道起点・大小路（おおしょうじ）交差点→ザビエル公園→旧堺港→夢洲→難波宮大極殿跡→森ノ宮神社
2019年10月23日	東京都青梅市	江戸城がつないだ産業の道・青梅街道の歴史と産業を学ぶ	カシオ計算機羽村技術センター→御岳山宿坊・南山荘宿泊→武蔵御嶽神社参拝→成木地区（旧石灰採掘現場）→青梅市郷土博物館→青梅駅→赤塚不二夫会館・昭和レトロ商品博物館→調布橋（雪おんな縁の地）
2019年12月6日	大阪府・道修町	くすりの町の歴史を学び日本企業の原点を知る	少彦名神社参拝→くすりの道修町資料館→小西家住宅外観見学→田辺三菱製薬史料館→大阪取引所→大林組歴史館→四天王寺
2020年1月16日	兵庫県神戸市	「鈴木商店」の足跡を巡るツアー	追谷墓園→祥龍寺→鈴木薄荷→神戸製鋼所発祥の地→太陽鉱工→ 神戸市立博物館→後藤回漕店→鈴木商店本店跡地→神戸市立神港橋高校→鈴木よね邸跡→有馬温泉

2020年 5月17日	東京都中央区明石町	学校発祥の地「築地外国人居留地」を巡りその歴史を学ぶ	ガス街灯柱→雙葉学園発祥の地→青山学院発祥の地→明治学院発祥の地→ヘンリー・フォールズの指紋研究発祥の地→築地居留地跡→ 浅野内匠頭邸跡→アメリカ公使館跡の記念碑→聖路加国際病院トイスラー記念館→立教学院発祥の地→慶応義塾発祥の地→シーボルト像→電信創業之地→東京税関発祥の地→すし大別館（ランチ）
2020年 8月11日	京都府笠置町ほか	日本の森林の現状を知り未来を考える	京都黄檗駅集合→JR笠置駅→笠置間伐展示林→京都大学・宇治キャンパス化学研究所「碧水舎」→京大・中村正治研究室→伏見「鳥せゑ本店」
2021年 2月18日	高知県足摺岬ほか	幕末の国際人「ジョン万次郎」の生家を訪ね波乱万丈の生涯を知る	ジョン万次郎資料館→ジョン万次郎生誕地→竜宮神社→唐人駄場遺跡→→足摺岬（四国最南端）→ジョン万次郎銅像→金剛福寺（第38番札所）→四万十市郷土博物館→一條神社→昼食（四万十屋）
2021年 4月21日	山形県酒田市ほか	チャート分析の元祖本間宗久とお米の経済を学ぶ	酒田市立資料館→本間家旧本邸→山居倉庫→庄内米歴史資料館→ 日和山公園→本間家別邸「清遠閣」→湯田川温泉「つかさや旅館」泊由豆佐売神社→湯殿山総本寺瀧水寺大日坊（即身仏お参り）→昼食：そば処「大梵字」→羽黒山神社
2021年 6月3日	滋賀県近江八幡市ほか	「三方よし」のことばを生んだ近江商人について学ぶ	近江商人博物館→五個荘金堂地区→伊藤忠兵衛記念館→近江八幡市立資料館→休暇村近江八幡泊→賀茂神社→毛利志満 近江八幡本店
2021年 7月27日	愛媛県新居浜市	住友グループの原点・別子銅山と植林による山の再生の歴史を学ぶ	自彊舎跡地広場→別子銅山口屋跡→別子鉱山鉄道星越駅跡→昼食（平八）→別子銅山記念館→旧山根精練所煙突→広瀬歴史記念館→湯宿「湯之谷温泉」宿泊 石鎚神社口之宮 本社→マイントピア別子→東平歴史資料館→東洋のマチュピチュ→住友の森エコシステムフォレスターハウス
2021年 11月17日	石川県羽咋市、小松市ほか	節目を迎える長寿企業の歴史を学び、ミステリースポットを辿る	気多大社→羽咋駅→昼食（川原）→宇宙科学博物館コスモアイル羽咋→モーゼパーク→粟津温泉「法師」→那谷寺→こまつの杜
2022年 4月27日	埼玉県川越市	日本唯一の「小江戸」、川越の歴史と経済を学ぶ	川越駅→（タクシー）→川越城本丸御殿→三芳野神社→川越市立博物館→川越氷川神社→川越城中ノ門堀跡→蔵造りの町並み→うなぎの老舗「いちのや」→喜多院→（タクシー）→川越駅
2022年 5月23日	新潟県佐渡島	朱鷺が舞う持続可能な佐渡島、「佐渡金山」は世界遺産登録へ	相川「渡部家墓」→北沢浮遊選鉱場→瑠璃山曼荼羅寺→御宿「花の木」→宿根木→石名「土屋家」→石名清水寺→ホテル大佐渡→佐渡金山
2022年 8月30日	岐阜県神岡・飛騨高山ほか	東洋一の亜鉛鉱山「神岡」と負の遺産・四大公害病「イタイイタイ病」を知り、飛騨高山の「匠」の歴史を学ぶ	イタイイタイ病資料館→神岡鉱業鉱山部跡津事務所→川甚亭（昼食）→カミオカラボ→高原郷土館→飛騨古川駅→気多若宮神社→ひだホテルプラザ（宿泊）→飛騨山王宮日枝神社→高山陣屋→櫻山八幡宮→高山祭屋台会館→古い町並み散策→味の与平（昼食）→飛騨一宮水神社
2022年 10月25日	岩手県遠野市・釜石市	日本の新旧比較、民話の里「遠野」と近代産業・鉄の街「釜石」を巡る	新花巻駅→続石→遠野市立博物館→とおの物語の館→かっぱ淵→早池峰神社→遠野ふるさと村→「あえりあ遠野」宿泊→橋野鉄鉱山（高炉跡）→中村判官堂→釜石駅で昼食→鉄の歴史館→新花巻駅

トヨタ自動車の祖業が織機であることは、ご存じの方も多いでしょう。実はスズキも織機を製造していました。どういう織機なのかというと、遠州織《えんしゅうおり》という縞模様の織物を織るためのものなのですが、これがインドやインドネシアの民族衣装であるサリーの縞模様と同じです。実はこの理由でスズキは戦前からインドやインドネシアに自動織機を輸出していたのです。

そういう歴史的な背景があるなかで、スズキは自動車をインドに輸出していますから、たとえばここから中国の自動車メーカーがインドに進出しようと思っても、なかなか覆《くつがえ》せないだけの歴史的な重みがあるのです。

ちょっとした偶然を感じたのは、2020年1月16日に兵庫県神戸市に行ったことです。2020年といえば令和2年です。元号2年というのは、昔から激動が起こりやすい年でもあります。たとえば平成2年はバブル経済が崩壊した年として記憶に新しいですし、昭和2年は昭和恐慌の引き金となった鈴木商店の倒産があった年です。

鈴木商店は当時、日本最大の商社で、最盛期と言われた大正8～9年には年間取引高が16億円に達し、世界でも指折りの大企業でした。**神戸製鋼**（5406）、**帝人**（3401）、

双日（2768）、**サッポロビールホールディングス**（2501）、ニップン、**IHI**（7013）といった日本の大企業は、もともと鈴木商店の関連企業でした。

令和2年を迎えて、ひょっとしたら今回も何かとんでもないことが起こるのではないか。そう考えて、鈴木商店のオーナーだった鈴木よね氏の墓参りをし、鈴木商店本店跡地にあるモニュメントを観に行きました。

そしてこの年、新型コロナウイルスの感染が世界的に広まり、世界各国でロックダウンが行われ、経済活動が一時的に止まったのです。まさに元号2年の令和2年は、激動の1年になりました。

一番、直近で行ったのが岐阜県の神岡町というところです。

町名を目にしてもピンと来ないかもしれませんが、ニュートリノを観測するためにつくられた観測装置「カミオカンデ」があるところと言えば、ご存知の方もいらっしゃるのではないでしょうか。

なぜ神岡町に行ったのかというと、日本の産業史の負の側面である、「公害」の現場を一度見ておこうと思ったからです。

日本には四大公害病というのがあります。「イタイイタイ病」、「水俣病」、「四日市ぜんそく」、「第二水俣病」がそれです。このうちイタイイタイ病が最初に認定された公害で、その原因が当時、亜鉛や鉛、銀などを採掘していた神岡鉱山でした。奈良時代から採掘が行われていたそうで、その経営権を明治7年に三井組（現・**三井金属鉱業**、５７０６）が取得。一時は東洋一の鉱山として栄えました。カミオカンデは、まさにその採掘跡にできた観測装置なのです。

その神岡鉱山から採掘された亜鉛鉱石に含まれるカドミウムが、イタイイタイ病の原因になりました。近くを流れる神通川にカドミウムが含まれた未処理排水が流され、この地域で生産された米や野菜を摂取したり、汚染された水を飲用したりした結果、女性を中心に骨がもろくなり、ボキボキ折れる病気が発生したのです。

イタイイタイ病裁判についてはここでは触れませんが、カドミウムに汚染された土壌を復元する事業が１９７９年から開始され、完了したのは２０１２年のことでした。実に、32年もの歳月を要したのです。

この現実を直視して、私はひとつの結論を得ることができました。それは、ＥＶの時代は来ないのではないか、ということです。

なぜならEVになると銅が大量に必要となり、そのための銅山開発が世界的な規模で環境を破壊する恐れが生じるからです。環境破壊を防ぐためにEVを普及させようとしているのに、実は真逆のことが起こる危険性をはらんでいるのです。

しかも先進国の資源採掘は、自国ではいっさい行わず、自分たちは採掘の権益だけを持って、実際には資源がたくさん眠っている新興国などで行われます。散々、資源を採掘した後、土壌を元に戻すのに何十年もかかるというのは、深刻な国際問題に発展する恐れがあります。

このような感じで、この7年間で58カ所をめぐっています。一種のフィールドワークです。別に、その地に行ったから株式投資で儲かるということではないのですが、やはりその場に実際に立ってみないとわからないこと、感じられないことがあると思うのです。この積み重ねが感性の豊かさにつながり、投資先企業を選ぶ時の「何か」に役立つはずなのです。

第4章

サイクルを読む

人はサイクルを受け入れて生きている

株価は森羅万象《しんらばんしょう》を反映して価格が形成されます。

だから第1章で「UFOの存在を笑ってはいけない」という話題を提供しました。それを、「そんなことは絶対にありえない」、「それは陰謀論だ」と一笑に付す前に、「まあ、そういうこともあるかもしれない」と考えられるかどうかが、株式投資をするうえでは重要なセンスにつながっていきます。

サイクルもそのひとつです。

私は会社四季報を読み、定量データを把握するのと同時に株主総会に出席したり、日本全国の産業の発祥地を旅したりして、定性的な観点からも企業を理解しようとしています。

その点では、どちらかというとファンダメンタルズ重視の人、というイメージで見られがちなのですが、決してそうではありません。テクニカルも重視しています。株価もある種、サイクルに乗って動いていますし、それを読むのがテクニカル分析だからです。

株式のテクニカル分析については後述するとして、本章ではまずさまざまなサイクルについて考えてみたいと思います。

サイクルとは**「循環」**のことです。

サイクルを馬鹿にしてはいけません。なぜなら、私たちはさまざまなサイクルのなかで生きているからです。

たとえば1日24時間、昼と夜というまったく正反対の世界を、私たちは受け入れて生活しています。1年で見れば真夏と真冬という、これもまた正反対の季節を受け入れて生きています。

会社四季報も新春号、春号、夏号、秋号という一定の周期で刊行されています。

でも、普段の生活ではサイクルを受け入れているにもかかわらず、特にファンダメンタリストと呼ばれる人たちは、大事なお金を投資する際にサイクルのことを考えようとはしません。それでは株式投資に失敗してしまいます。

そこでまず、生活全般に関わっているサイクルについて一通り見た後、株式投資に関係すると思われるサイクルに触れていきたいと思います。

4つの景気サイクル

経済のサイクルでよく使われるのは、4つの景気循環です。キチンサイクル、ジュグラーサイクル、クズネッツサイクル、コンドラチェフサイクルがそれです。初めのほうから「短期」、「中期」、「長期」、「超長期」の景気サイクルを示しています。

ひとつずつ説明すると、**キチンサイクル**は企業の在庫と生産によって生じるサイクルのことで、40カ月周期と言われています。景気が良い時には生産が消費に追いつかず、徐々に在庫が減っていきます。しかし景気が悪くなると消費が落ち込み、在庫が増え、そこから徐々に生産が落ちていきます。このサイクルは約4年と考えられているのです。

ジュグラーサイクルは、企業の設備投資によって生じるサイクルです。景気が良い時、企業は生産を増やすために設備投資を活発に行います。しかし景気が悪くなると生産が落ち込むため、せっかく行った設備投資が無駄になり、有休施設が増えて設備投資が行われなくなり、それがさらなる景気の悪化につながります。このサイクルは10年と言われています。

クズネッツサイクルは住宅建築の動向によって生じるサイクルです。一般的には20年で1サイクルになります。

そして、最も長期のサイクルが**コンドラチェフサイクル**で、これは技術革新や戦争によってもたらされるサイクルと考えられています。たとえば18世紀の産業革命によって大量生産、大量消費の経済が生まれ、鉄道の誕生によって人の動きが速くなった結果、経済の動きも早くなりました。

近年でもコンピュータやインターネットによって、世の中が大きく変わってきています。コンドラチェフサイクルでは、こうした技術革新が50年周期で訪れると考えており、50年で1サイクルと考えるのです。

ところで、この1サイクルの周期をどう捉えればいいのかについてです。たとえば50年で1サイクルを描くコンドラチェフサイクルの場合、好景気50年、不景気50年ではなく、好景気と不景気を合わせて1サイクルと考えます。

これは余談ですが、景気サイクルで最も長いとされるコンドラチェフサイクルの場合、

「50年なんて長いサイクルを実地検証できるはずがない」と言われ、それこそ眉唾物《まゆつば》のように言われてきました。しかし、これからは人生100年時代ですから、ひょっとするとその正確さを検証できるようになるかもしれません。

2013年からの株価上昇は必然だった?

ところで、この手のサイクルを大昔から**「遷宮《せんぐう》」の形で実践していたのが日本人**なのです。遷宮とは、神社の本殿が従前とは異なる境内に新築移転したり、本殿の修理や新築の際に、一時的にご神体を移動させたりすることを指しています。

実は伊勢神宮は20年に1度の頻度で遷宮を行っています。伊勢神宮で最初の式年遷宮が行われたのは、持統天皇4年(西暦690年)のことで、それ以来1300年にわたって続けられています。

この2013年の遷宮では、東の御敷地である「米座(こめくら)」から、西の御敷地である「金座(かねくら)」に移りました。

これがまた大きな意味があります。昔から東の米座時代は、平和で豊かな「精神の時代」と言われています。そして、これが西の金座時代になると、激動で物質欲の強い「経済の時代」と言われています。

でも、どうして米と金なのでしょうか。

考えてみると米作の周期は5月に田植えを行い、秋に収穫し、11月の新嘗祭《にいなめさい》でシーズンが終わります。そして11月からその翌年の5月までは休みです。

一方、11月から動き出して翌年5月に終わり、そこから11月まで休むものは何かを考えたところ、株式市場がまさにそうです。これは米国での話になるのですが、同国では「Sell in May」という相場格言があります。つまり5月に株式を売却して、しばらく様子を見ていろということです。そして秋口になったら徐々に休んでいた投資家がマーケットに戻ってきます。

つまり5月から11月が米座、11月から5月が金座です。こうしたサイクルから考えてみると、米座の裏側に金座があるのも納得がいきます。

そして今は伊勢神宮の遷宮サイクルで考えると「金座」、すなわち激動の時代ですから、

さまざまなサイクル　～伊勢神宮の「米座」「金座」の循環～

遷宮とは？

新たに建てた神社の正殿に御神体を遷すことで、伊勢神宮では20年に一度行われる。第1回の式年遷宮が内宮で行われたのは、持統天皇4年（690）のことで、以来1300年にわたって続けられている。2013年の遷宮では、東の御敷地「米座（こめくら）」から西の御敷地「金座（かねくら）」に遷った。

伊勢では、古来から、東の「米座」時代は、平和で心豊かな「精神の時代」、西の「金座」時代は、激動で物質欲が強い「経済の時代」と言われている。

ではなぜ「米」の反対が「金」なのか？

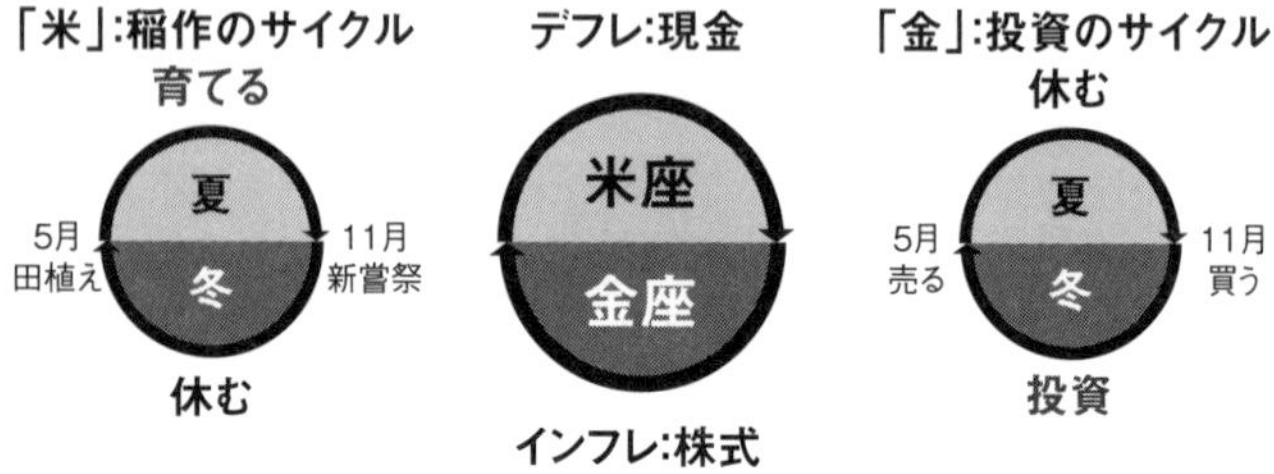

考察

上記のように**「米」と「金」のサイクルは正反対**であることがわかる。つまり投資は、夏冬で言えば「冬」、昼夜で言えば「夜」である。「冬」も「夜」もともに暗い印象を持つが、一方で、**「死と再生」を意味**しており、新しい時代に転換する時期でもある。
何かが転換する際には、大きなうねりがあり、今後は動乱の時代が続くと考えられる。

いつどこで何が起きてもおかしくないと考えられます。

しかも2013年の遷宮は別格の意味合いも持っていました。何かというと、出雲大社の遷宮とぴったり重なっていたのです。

ちなみに出雲大社の遷宮は60年に1度です。

このように、2013年は伊勢神宮の遷宮によって米座から金座に移ったことに加え、出雲大社の60年に1度の遷宮とも重なったことによって、必ず何かマーケットを大きく動かすことが起こると考えていたのです。それが結果的にはアベノミクスであり、質的・量的金融緩和による為替レートと株価の大きな水準修正でした。

恐らく2012年の選挙で第二次安倍政権が樹立していなかったとしても、サイクル論から考えれば、株価は上昇していたのかもしれません。

金座の時代は株価が上がる

ちなみに過去、伊勢神宮の金座の時期には、さまざまな歴史的出来事が起こっています。

次のページの一覧表にもあるように、1849年〜1869年までの20年間では、安政の大獄、桜田門外の変、明治維新がありました（なお戦後の混乱で1949年の遷宮は4年遅れる）。

1889年〜1909年の20年間は、日清戦争と日露戦争。

1929年〜1953年の20年間は、世界恐慌や第二次世界大戦、太平洋戦争。

1973年〜1993年の20年間は、2回のオイルショックや昭和天皇の崩御、バブル経済とその崩壊なども大きな出来事といっていいでしょう。

そして2013年からの20年。前述したようにアベノミクスで株価は大きく上昇したものの、その提唱者だった安倍元首相は2022年、凶弾に斃《たお》れました。この金座が終わるのは2033年ですから、まだ先のことです。地政学的にはロシアによるウクライナ侵攻が行われ、台湾海峡はかなりきな臭くなってきています。

米座は米をつくるから夏の時代であり、それは昼の時代を想起させます。逆に金座は冬の時代であり、夜の時代を想起させます。その伝でいうと、夜には何かと物騒なことが起こります。もっと言うと、丑《うし》三つ時である午前1時から3時までの間は、陰の気がめぐっ

さまざまなサイクル　～「金座」のできごと～

1849年～1869年

1854年	嘉永7年/安政元年	日米和親条約、日露和親条約調印、安政東海地震、安政南海地震
1855年	安政2年	安政江戸地震（安政の大地震）
1858年	安政5年	日米修好通商条約調印
1859年	安政6年	安政の大獄
1860年	安政7年/万延元年	桜田門外の変
1862年	文久2年	坂下門外の変、寺田屋事件、生麦事件
1863年	文久3年	薩英戦争、八月十八日の政変、生野の変
1864年	文久4年/元治元年	水戸天狗党の乱、池田屋事件・禁門の変、四国連合艦隊下関砲撃事件
1864年	元治元年	第一次長州征討
1865年	慶応元年	第二次長州征討
1866年	慶応2年	薩長同盟
1867年	慶応3年	大政奉還・王政復古
1868年	慶応4年	戊辰戦争鳥羽・伏見の戦い、上野戦争、北越戦争、会津戦争、箱館戦争
1868年	明治元年	明治維新
1869年	明治2年	東京奠都、五稜郭の戦い、版籍奉還

1889年～1909年

1889年	明治22年	大日本帝国憲法
1891年	明治24年	大津事件、足尾銅山鉱毒事件、濃尾地震
1894年	明治27年	日清戦争
1896年	明治29年	明治三陸地震津波
1900年	明治33年	治安警察法
1902年	明治35年	日英同盟
1904年	明治37年	日露戦争

1929年～1953年

1929年	昭和4年	世界恐慌

1931年	昭和6年	中村大尉事件、柳条湖事件、満洲事件、三月事件、十月事件
1932年	昭和7年	血盟団事件、五・一五事件、第一次上海事変
1933年	昭和8年	国際連盟脱退、滝川事件、神兵隊事件
1936年	昭和11年	二・二六事件、綏遠事件、西安事件
1937年	昭和12年	盧溝橋事件、第二次上海事変、日中戦争（支那事変）勃発
1938年	昭和13年	国家総動員法、臨時通過法制定
1939年	昭和14年	第二次世界大戦始まる、ノモンハン事件
1940年	昭和15年	日独伊三国軍事同盟
1941年	昭和16年	太平洋戦争（大東亜戦争）勃発
1942年	昭和17年	ミッドウェー海戦、ガダルカナル島の戦い
1943年	昭和18年	アッツ島の戦い、学徒出陣
1945年	昭和20年	硫黄島の戦い、沖縄戦、占守島の戦い
1945年	昭和20年	東京大空襲、広島・長崎へ原爆投下、降伏文書調印
1948年	昭和23年	昭和電工事件、帝銀事件
1949年	昭和24年	下山事件、三鷹事件、松川事件、湯川秀樹が日本人初のノーベル賞を受賞
1950年	昭和25年	朝鮮戦争勃発、警察予備隊（現・陸上自衛隊）発足

1973年～1993年

1973年	昭和48年	第一次オイルショック（中東戦争による）
1978年	昭和53年	第二次オイルショック（イランイスラム革命による）
1973年	昭和48年	金大中事件
1975年	昭和50年	沖縄海洋博開催
1976年	昭和51年	ロッキード事件
1985年	昭和60年	筑波万博開催、日本航空123便墜落事故
1987年	昭和62年	国鉄分割民営化
1988年	昭和63年	青函トンネル開通、瀬戸大橋開通、リクルート事件
1989年	昭和64年/平成元年	昭和天皇が崩御、消費税施行3%
1991年	平成3年	湾岸戦争勃発、大手証券会社の巨額損失補填問題
1992年	平成4年	東京佐川急便の巨額不正融資事件、PKO協力法成立し自衛隊がカンボジアへ出動

てきて、特に丑三つ時である真夜中は、陰の妖気が最も強くなると言われていました。だから怪談話の出だしは、「草木も眠る丑三つ時……」という枕言葉が付けられたのです。さらに丑三つを方角にあてはめると、丑寅《うしとら》（東北）にあたり、これは鬼門なので幽霊が出やすいなどとも言われています。

そこから考えると、２０１３年から始まった金座の時代で、２０２３年がちょうど深夜零時にあたりますから、この丑三つ時は２０２７年くらいまで続くと考えられます。つまり、いろいろなものが荒れる時期なのかもしれません。

また、金座は確かに動乱の時代ではありますが、何しろ「金」の時代ですから、株価は上がりやすいと考えられます。実際、過去の金座の時代は、株式市場ができてからすべてにおいて、**株価が大きく上昇する局面**があったのです。その意味では、これからいよいよ株価が期待できるのではないかと、私は考えています。

太陽黒点と経済の関係

エコノミストの嶋中雄二氏が太陽黒点と経済の研究では大家といってもいいと思うのですが、太陽活動と景気にはどうも相関関係があるようです。

具体的にどういうことかというと、太陽黒点には約11年のサイクルがあり、太陽黒点の数が増えたり減ったりを繰り返していて、黒点の数が増えた時は景気が活発で、逆に黒点の数が減ると景気が低迷するというものです。

そして太陽黒点の数が少ないボトム時に、経済がショック的な混乱をきたすケースが多く見られます。古くは1930～1933年の昭和恐慌、1953年のスターリンショック、1987年のブラックマンデー、1997年の山一證券破綻、2008年のリーマンショックなどは、すべて太陽黒点がボトムの時期に起こっています。

この太陽黒点もそうですが、宇宙には実にさまざまなサイクルが存在しています。

太陽系ひとつをとっても、地球は1日に自転を繰り返しながら、365日をかけて太陽

さまざまなサイクル　～太陽黒点の循環と経済～

太陽黒点数（国立天文台データより）

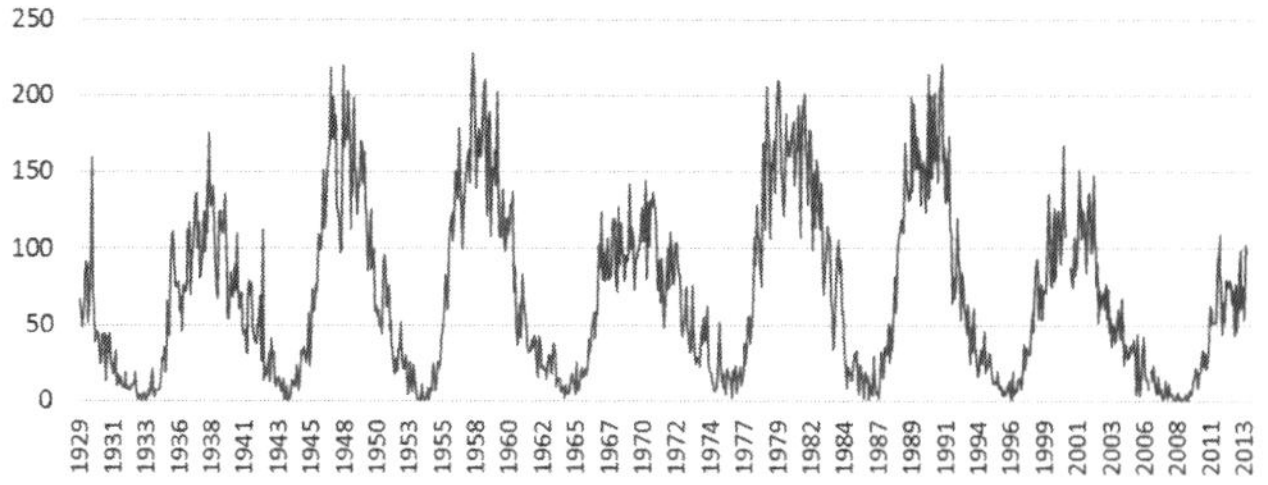

ボトム	期間	出来事
1933年	11年	昭和恐慌、1931年12月金輸出禁止
1944年	10年	1945年　株式全市場売買立会停止
1954年	10年	1953年　スターリンショック
1964年	12年	1965年　証券不況、山一證券へ日銀特融
1976年	10年	1976年　ロッキード事件、田中前首相逮捕
1986年	10年	1987年　ブラックマンデー
1996年	11-13年	1997年　山一ショック、山一、三洋証券、拓銀破たん
2007-2009年	11年?	2008年　リーマンショック
2020年?		2020年　東京オリンピックショック?

上記の表は2014年に作成したもので11年サイクルから2020年には何かしらのショックが来ることを予測していた。結果としては東京オリンピックは1年延期、そしてコロナショックになった。

太陽の黒点は約11年のサイクル（設備投資サイクルと同じ）があり、黒点が少ない時、つまり太陽の活動が弱い「ボトム」時に経済が「ショック的」な混乱をきたすケースが多い。しかし、次のボトムまでは約5年ほどあり、動乱の世の中になったとしても「ショック的」な混乱は発生しないと考えられる。ただし、オリンピック終了後は注意が必要である。

の周りを1周します。この太陽の周りを1周することを公転といって、自転ともども惑星によって時間が異なります。たとえば地球の自転は1日ですが、木星のそれは9・8時間ですし、金星は243日もかかります。また公転も地球は365日で、水星は87・97日で、冥王星は248・5年かかります。なお太陽系そのものも、銀河系の中心に対して2億2600万年で公転していると言われています。

そして人々はこの宇宙のサイクルをベースにして、時間や日数のサイクルをつくりました。1日は24時間のサイクルですし、1日を7回繰り返して週の概念をつくりだし、1年12カ月のサイクルも考え出しました。4年に1度来る「うるう年」、1年を12回のサイクルでひとまとめにした12支、おぎゃーと生まれて60年が経ったところで「還暦」を迎えます。

さらには太陰暦、太陽暦、マヤ暦があり、最も長いサイクルでは、気候変動に関係する**「ミランコビッチ・サイクル」**があります。

太陰暦は月を基準にした暦で、太陽暦は太陽を基準にした暦です。

マヤ暦は、1周期を260日とするツォルキンという宗教的・儀礼的なカレンダーと、

1年（1トゥン）を360日とし、その年の最後に5日のワイエブ月を追加することで365日とする、ハアブと呼ばれる太陽暦のカレンダーがあります。さらに、ワイエブ月を除いたハアブ暦（360日）とツォルキン暦（260日）を組み合わせ、約13年ごとの周期で一巡し、これをベースにして4サイクルの約52年を1周期とする考え方です。

また、2012年12月22日に一巡したと言われている約5200年の周期だけでなく、2万6000年、5万2000年、26万年という大きな周期も存在すると言われています。

それにしても26万年の周期なんて、ほとんどイメージできませんし、誰もそれを検証することはできませんが、これも「そういうのもありえる」と考えておけば良いでしょう。

そして、ミランコビッチ・サイクルは気候変動に関連するサイクルです。「氷河期」は、長期にわたって地球の気温が寒冷化する現象で、極地の氷床や山地の氷河群が拡大します。これには一定のサイクルがあると言われており、ミランコビッチ・サイクルによると、この周期には約2万年、約4万年、約10万年に大別できるそうです。

ここまで語ると、何となく「とんでも話」であるかのように聞こえてくると思います。それも「ありえる話」というように考え方を切り替えて、さまざまな情報に当たることをお勧めします。

文明のサイクル

日本の文明研究家である村山節《みさお》氏が1937年頃に発見したといわれる、「文明法則史学」によると、世界史の転換期は800年周期で訪れ、東洋と西洋の文明が入れ替わる1600年を1サイクルとする考え方です。

人類の文明は左脳型の西の文明と、右脳型の東の文明の2つが、それぞれ1600年周期のライフサイクルを持ち、800年ごとに位相転換する二重らせん型波動曲線のパターンで進化するというものです（150～151ページ参照）。

そして、いかなる大文明も、文明サイクルの周期を超えることは原則としてできません。文明が大きく栄える昼の後には必ず、次の新しいサイクルへの準備期間ともいえる夜が訪れます。

いうまでもないと思いますが、西の文明は欧州や米国など欧米文明を指しています。それに対して東の文明は、アジア文明を指しています。日本は言うに及ばず、中国、インド、さらには中東のイランまでが東の文明に含まれています。この非常に広大な地域が、これから800年間、文明の中心になる可能性が高まっています。

そして西の文明と東の文明の位相転換期には、大きな動乱が起きる可能性が高まります。村山氏によると、文明の後退期は約100年で、西の文明の衰退期が始まったのは1975年頃だそうです。

100年を25年ずつで見ると、1975年から2000年までが第一期。2000年から2025年までが第二期。2025年から2050年までが第三期になり、特に第三期が激動期と言われています。今年は2022年ですから、**あと3年足らずで激動期に入る**ことになります。

現存の欧米文明は、世界史転換期のなかで崩壊し、その後の世紀には、文明遺産を残すだけとなり、そこからアジア主導の新文明にバトンタッチされていくのです。今はまさにその大転換期の最中であり、だからこそ何か大きなことが起こりそうな気配が濃厚なのです。

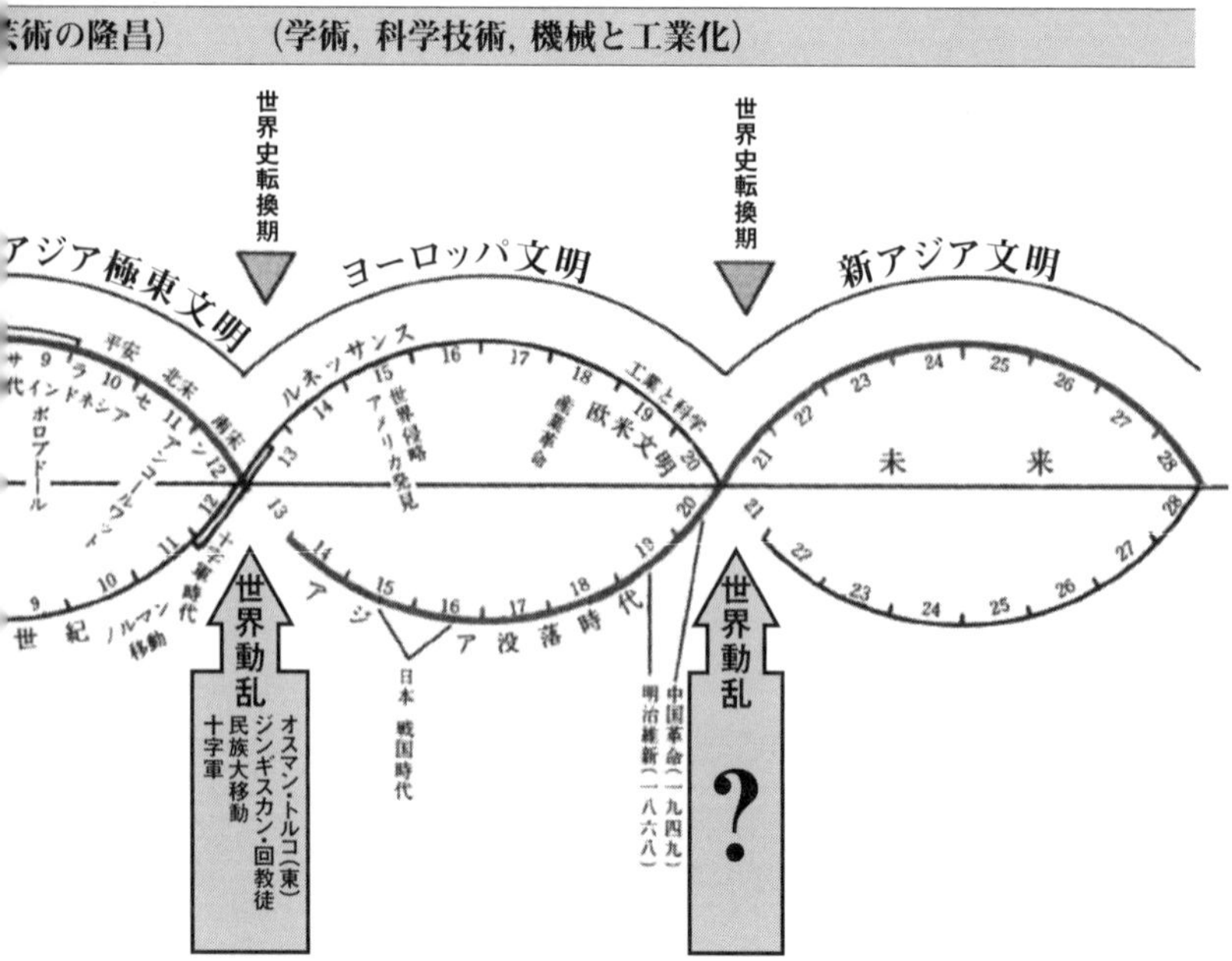

いる。このパターンはDNAの二重らせん構造と4種の塩基対応現象に近似している。

文明の800年の昼の後には必ず、次の新しいサイクルの始まりの夜が訪れる。

800年毎の東・西文明の位相転換期は、西暦2000年からの約100年間に当たり、現存のヨーロッパ文明は〈世界史転換期〉の中で崩壊し、その後の世紀には文明遺産を残すだけとならざるをえない。一方、その時期は、新しい極東ーアジア主導の新文明へのバトンタッチ期になる。

さまざまなサイクル　～文明の循環～

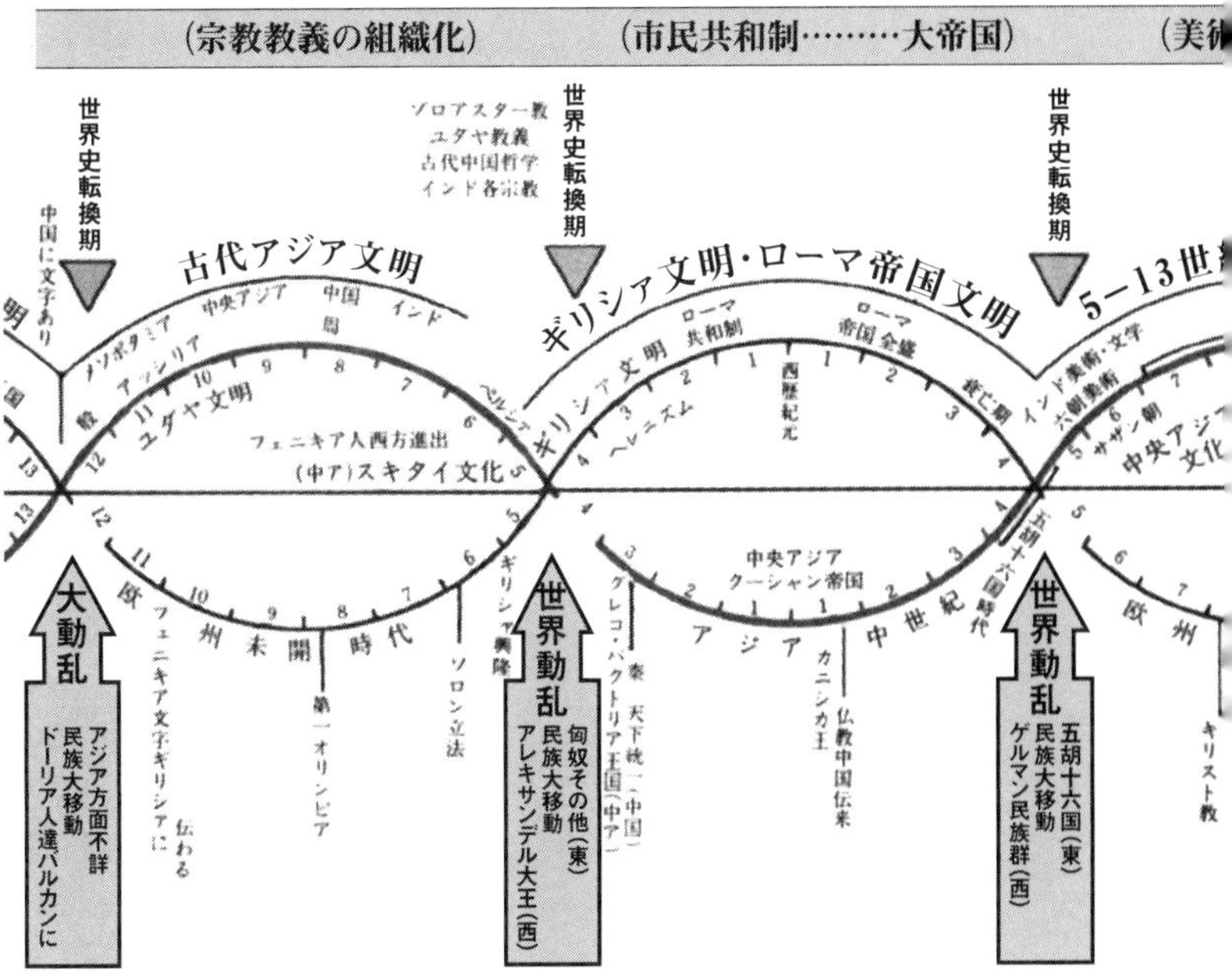

文明の研究－歴史の法則と未来予測－

(1984年/村山節（みさお）著より)


法則史学は「史観」でなく地球規模の法則の発見である。

世界史転換期は8世紀周期で訪れ、文明の昼と夜を合わせ1サイクル（1600年）とするが、いかなる大文明もその属する文明サイクルの周期を超えることは原則としてできない。

人類の文明は左脳型の西の文明と、右脳型の東の文明の二つが、それぞれ1600年周期のライフ・サイクルを持ち、800年毎に位相転換する二重らせん型波動曲線のパターンで波動進化してきて

自然界・生物のサイクル

これは少し余談ですが、この自然界、あるいは生物にもサイクルがあります。これは2013年9月22日の日本経済新聞に掲載されていた記事です。

それによると、北米大陸には13年や17年おきに一斉に現れる「周期ゼミ」と呼ばれるセミがいて13、あるいは17という数字が素数なので「素数《そすう》ゼミ」とも呼ばれているそうです。

このセミは、大昔に枝分かれして進化した3グループ7種類の存在がわかっているものの、異なる種に属するセミでも、同じ場所で生息するセミは揃って同じ周期で大発生するということでした。周期が素数なのは、他の周期の集団とたまたま同時発生して、交雑によって周期が乱れるのを避けているという仮説があるものの、ライフサイクルの根底に4年を1単位とする知られざる仕組みが潜んでいる可能性があるなどとも、その記事には書かれていました。

同じく、日本経済新聞の2013年11月9日の記事では、生鮮マグロのせり人である、

東都水産（８０３８）の西田雄三さんのコメントで、せり人の仕事に就いて注意するようになったこととして「月の満ち欠けをいつもチェックするようになりました。マグロの入荷量は日によってまちまちですが、マグロ漁は月の満ち欠けと関係があり、一般に新月と満月の時はよく獲れるとされているからです」ということです。

また、これは私が実際に現地に行って見てきたのですが、ウミガメが砂浜に上陸して産卵するのは常に夜です。昼間に産卵するウミガメはいません。

よく人の命は満潮時に誕生し、干潮時に死ぬと言われています。これは明確な関連性があると実証はされていないものの、ウミガメの産卵のサイクルを見ていると、何か関係があるのは確かなようです。

他にも、人間の体内サイクルがあります。女性には1カ月の体内サイクルがありますし、人間の睡眠には深い眠りのノンレム睡眠と、目覚めの時のレム睡眠が90分周期で繰り返されます。**養命酒製造**（２５４０）のＣＭによると、「女性は7の倍数、男性は8の倍数の年齢の時に、体調に変わり目が訪れる」と言います。

あるいは「厄年、厄払い」、「3回忌、7回忌、13回忌、17回忌」などというのもサイクルのひとつです。

干支と株価、西暦と株価の関係

これも不思議といえば不思議な現象なのですが、干支や西暦で、この年は絶対に上がる、下がるというのがあります。これも広義のサイクルといえるでしょう。

まず西暦について解説すると、一桁の数字が5の年は、これまで100％の確率で日経平均株価（※戦前は東株）が上昇しています。これは戦前の数字もすべて検証しましたが、すべてにおいて値上がりしていました。ただし1945年は終戦で日本が焦土と化した年です。株式取引どころではなかったのか、数字を取ることができませんでしたから、絶対に100％とは言えないところもあります。それでも少なくとも数字を取れる年に関していえば、100％値上がりしています。1955年、1965年、1975年、1985年……と来て、直近では2015年は上昇しました。

また干支で見ると、よく「虎千里を走る」などと言って、寅年は株価が上がるイメージが強いものの、残念ながら上がりません。一般的に、寅年は景気が良いと言われます。しかし株価は景気の先行指標なので、寅年で景気が良くなる前に株価が値上がりし、実際に寅年になった時には、景気が良くても株価は一服というパターンが多いようです。

過去のデータを計算すると、勝率が最も高い干支は申年です。また未年も結構値上がりするケースが多く見られます。

逆に、まったく駄目なのが西暦で言うと一桁が0の年です。直近の事例を挙げると、1990年は昭和バブルの崩壊した年ですし、2000年はITバブルの崩壊、2010年は民主党政権下で相場はメタメタ。2020年はコロナショックという具合です。

もっとも2020年は、3月のコロナショックの後、リバウンドで結構値上がりしたので、年末ベースで見るとプラスになっています。それでもコロナショックでは相当多くの投資家が損をして、そのまま相場から離脱した方もいらっしゃいました。そういう意味では鬼門の年ともいえるでしょう。

40年上がって23年下がる日本の株価サイクル

日本の株価を市場がスタートしたところからグラフ化したことがあります（158～159ページ参照）。戦後、東京証券取引所での取引が再開されたのは、1949年5月16日のことです。それ以前の株価については、東京株式取引所株（※通称「東株」）を増資にともなう新株割り当てで増加した株数で修正して計算してみました。

これによって、日本に株式市場が誕生した1878年9月16日からの株価推移をトレースできるようになります。この株価を追っていくと、面白い共通点が見つかりました。

まず東京株式取引所株（東株）株価の推移を見ると、株式市場が誕生した1878年9月16日、東株は初値136円をつけてスタートし、そこからピークをつけたのが1920年3月でした。この間、41年6カ月をかけて、東株の修正株価は297倍になりました。表面上の株価はそこまで値上がりしていませんが、この間に株数が大幅に増加しているので、それを加味したうえで株式価値を算出した結果です。

そして、そこから23年3カ月をかけて株価は大きく下落します。さらに1943年6月に日本証券取引所に統合されました。日本に株式市場が誕生してから、ここまでの期間は64年9カ月です。

次に戦後、株式市場での取引が再開された1949年5月16日の日経平均株価は172円86銭でした。そして日経平均株価が最高値を付けたのが、1989年12月のことです。3万8915円87銭まで値上がりした期間が40年7カ月で、戦前に東株株価が高値をつけた期間とかなり近いのです。

そして、これも**不思議な共通点**です。日経平均株価が最高値を付けてから23年7カ月後に、東証と大証が統合されました。これも戦前の日本証券取引所に統合されるまでの期間と、ほぼ一致します。

このように考えていくと、2013年が相場の大転換になったのは、ある種のサイクルが作用していたと考えることもできます。戦前も、また戦後も、株価が最高値をつけるまでに40年という長い上昇トレンドを描いていきました。

2013年の市場統合をひとつのスタート地点として、次の40年間の壮大な上昇トレン

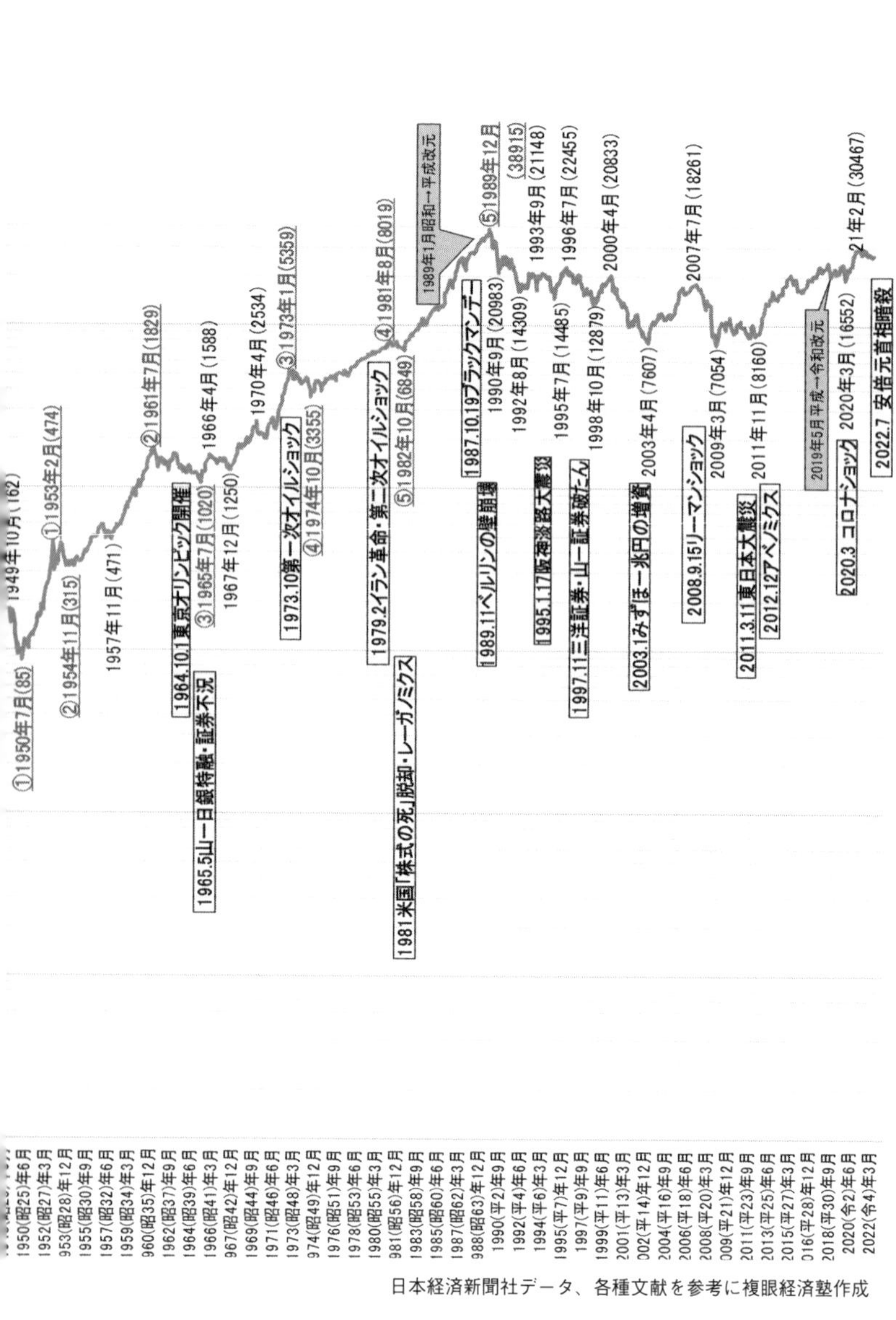

日本経済新聞社データ、各種文献を参考に複眼経済塾作成

2022年に145年目を迎えた日本の株式市場

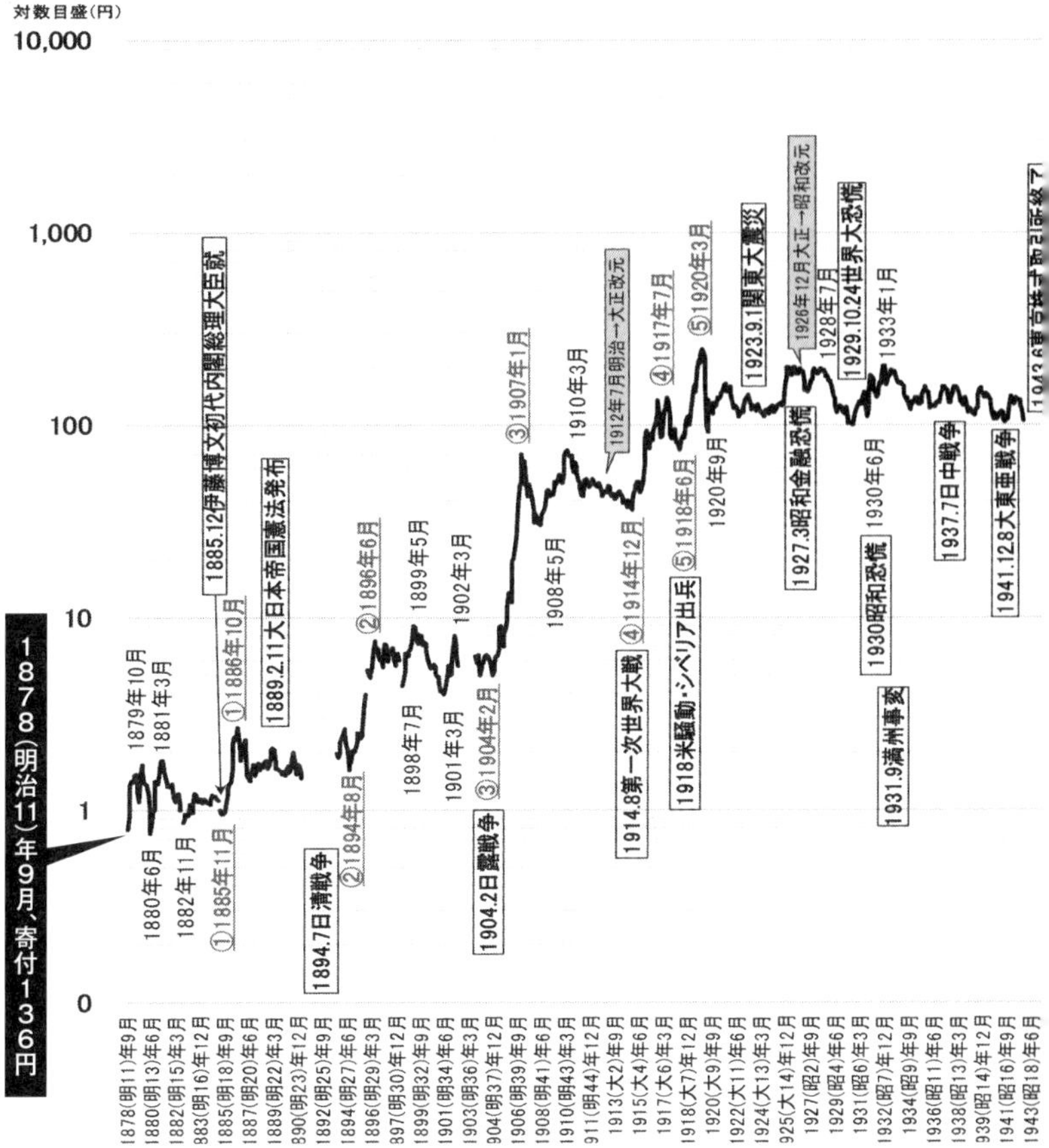

日経平均株価（日経225）株価推移

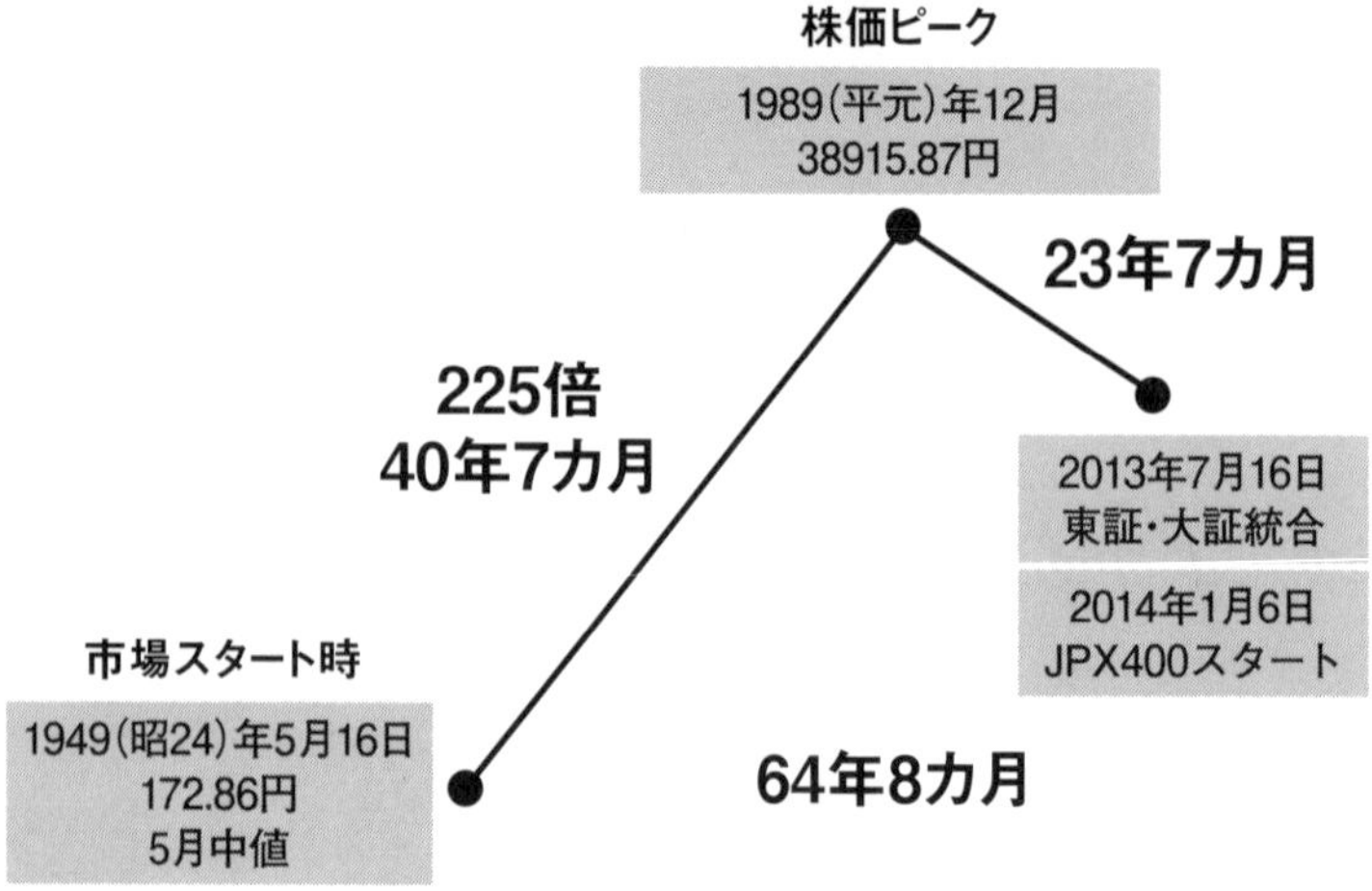

上昇相場

1)	1950(昭25)年7月 85.25円	1953(昭28)年2月 474.43円	2年7か月 **5.6倍**
2)	1954(昭29)年11月 315.61円	1961(昭36)年7月 1829.74円	6年8か月 **5.8倍**
3)	1965(昭40)年7月 1020.49円	1973(昭48)年1月 5359.74円	7年6ヶ月 **5.3倍**
4)	1974(昭49)年10月 3355.13円	1981(昭56)年8月 8019.14円	6年10か月 **2.4倍**
5)	1982(昭57)年10月 6849.78円	1989(平元)年12月 38915.87円	7年2か月 **5.7倍**

下落相場

1)	1949年10月 162.95	1950年7月 85.25	－47.7%
2)	1953年2月 474.43	1953年4月 295.18	－37.8%
3)	1961年7月 1829.74	1965年7月 1020.49	－44.2%
4)	1973年1月 5359.74	1974年10月 3355.13	－37.4%
5)	1989年12月 38915.87	1990年9月 20983.5	－46.1%
6)	1991年3月 27146.91	1992年8月 14309.41	－47.3%
7)	1996年7月 22455.49	1998年10月 12879.97	－42.6%
8)	2000年4月 20833.21	2003年4月 7607.88	－63.5%
9)	2007年7月 18261.98	2009年3月 7054.98	－61.4%

日本の相場　～株式市場136年の歴史～

東京株式取引所株（東株）株価推移

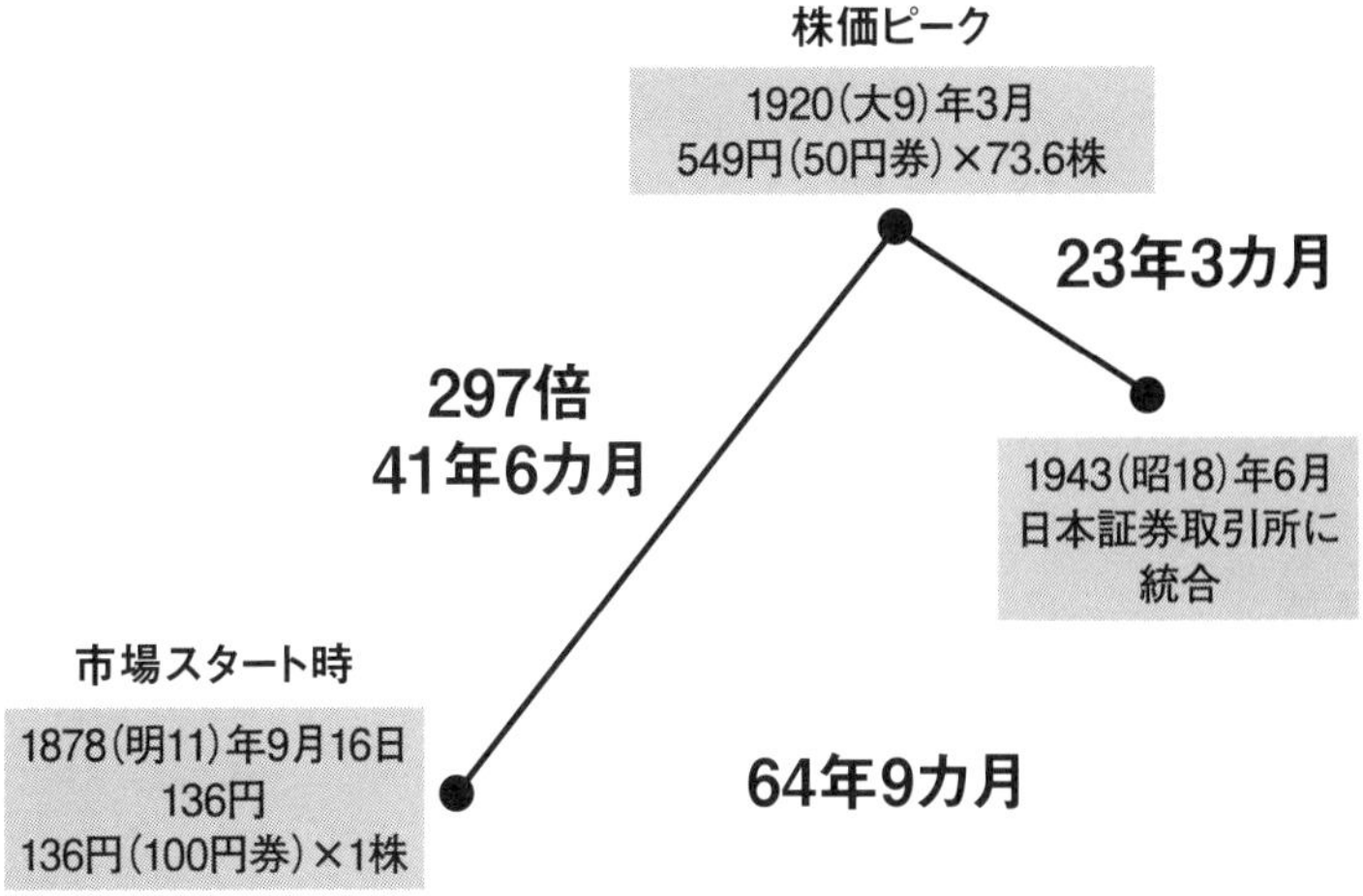

上昇相場（高値・安値で株価3倍以上）

	安値	高値	期間・倍率
1)	1885(明18)年11月 159円	1886(明19)年10月 491円	9ヶ月 **3.1倍**
2)	1894(明27)年8月 155円	1896(明29)年6月 904円	1年10か月 **5.8倍**
3)	1904(明37)年2月 125円	1907(明40)年1月 (780円×3.08)	2年11か月 **19.2倍**
4)	1914(大3)年8月 103.9円	1916(大5)年12月 (301.2円×1.625)	2年11か月 **4.7倍**
5)	1918(大7)年6月 149.1円	1920(大9)年3月 549円	1年9ヶ月 **3.7倍**

下落相場（高値・安値で－50%以上）

	高値	安値	下落率
1)	1879年10月 302.8	1880年6月 126	－58.4%
2)	1881年3月 329	1882年11月 130	－60.5%
3)	1886年10月 491	1887年5月 212	－56.8%
4)	1899年5月 264.5	1901月3月 107.8	－59.2%
5)	1902年3月 256.5	1902年6月 120.8	－52.9%
6)	1907年1月 780	1908年5月 258.5	－66.9%
7)	1910年3月 246.2	1914年8月 103.9	－57.8%
8)	1916年12月 482.1	1918年6月 230.75	－52.1%
9)	1920年3月 549	1920年6月 155.1	－71.7%
10)	1928年7月 207.8	1930年6月 97.4	－53.1%

ドを描くとしたら、2050年前後まで上昇相場が続くことも考えられるのです。

テクニカルで株価の波動を読む

ここまで説明してきたように、この世の中にはさまざまなサイクルがあります。もちろん株価にもあります。株価は「上昇局面↓天井↓下降局面↓大底↓上昇局面」でひとつのサイクルを形成しています。このサイクルを何回も繰り返しながら、徐々に下値を切り上げて大きな上昇相場を形成する一方、上値を徐々に切り下げて大きな下落相場を形成していきます。

そして、こうした株価のサイクルを読むために、テクニカル分析があります。

テクニカル分析には2つの系統があります。トレンド系とオシレーター系です。

トレンド系とは、現時点でトレンドが発生しているのかどうか、そのトレンドは上昇トレンドなのか、それとも下降トレンドなのかを把握するためのものです。トレンドライン移動平均線やMACDなどが代表的です。

一方、**オシレーター系**は、ざっくりと言うのであれば、買われ過ぎか売られ過ぎかを判断するためのものといって良いでしょう。買われ過ぎの後は天井を、売られ過ぎの後は大底を打つので、これは相場の天底を判断するためのものと考えられます。オシレーター系にはＲＳＩ、ストキャスティクス、サイコロジカルラインなどがあります。

実はテクニカル分析の指標は、物凄い種類があります。インターネット証券会社のトレーディングツールにも実装されているので、見たことがある人もいるでしょう。なかには数十という種類のテクニカル分析指標を実装しているケースもあります。しかし、その使い方をすべてマスターして、すべてを使わなければならない、というものでもありません。基本的には、自分が使いやすいものを使えば良いのです。

ちなみに会社四季報の上には各銘柄の月足チャートが掲載されています。期間は41カ月分ですから3年強です。その株価の動きがローソク足で示されるのと同時に、出来高、ならびに実線で12カ月移動平均線、点線で24カ月移動平均線が掲載されています。

私の場合、第2章でも説明したような手順で会社四季報に掲載されているさまざまな情報を分析したうえで、実際に投資する段階では、会社四季報の各ページの上に掲載されているチャートをチェックします。

またチャート以外にも、前述したようにオシレーター系、トレンド系のテクニカル指標もチェックして投資タイミングを判断します。その手順について説明していきましょう。

手順1　グランビルの第一法則を使って買いタイミングを判断する

グランビルの法則には第一法則から第八法則まであります。ここではまず買いを前提にして、第一法則について説明しておきます。

基本的に大底をピタリ当てるのは不可能に近いものの、投資するのであれば、やはり大底に近いところ、あるいは大底を打って株価が上昇に転じ始めたところで投資するのが投資効率の面で望ましいと考えられます。

そこでグランビルの第一法則です。

これは移動平均線が下落した後、横ばい、あるいは上向きに転じたところで、ローソク足の陽線が移動平均線の上に乗っかったら「**買い**」と判断します。つまり、相場が大底を

移動平均線分析　～グランビルの法則～

グランビルの「移動平均の基本法則」

※移動平均線（Moving Average=MA）

【買い信号】

①MAが下落後、横ばいか上昇基調になった時、株価がMAを上回る場合重要な買い信号

②MAがまだ上昇しているのに、株価がMAを下回る場合は買い

③株価が上昇基調のMAの上にあり、MAに向かって下がるが、MAを下回らず反発は買い

④株価が下降しつつあるMAより下に大きく乖離した場合、短期的にリバウンドが狙える

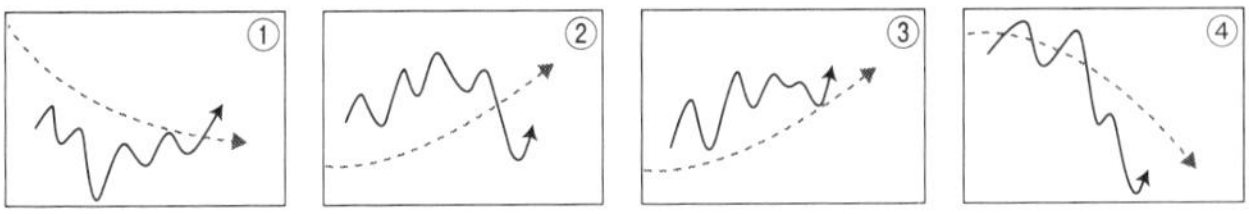

【売り信号】

⑤MAが上昇後、横ばいか下落基調になった時、株価がMAを下回る場合重要な売り信号

⑥MAがまだ下落しているのに、株価がMAを上回る場合は売り

⑦株価が下落基調のMAの下にあり、MAに向かって上昇するがMAを上回らず反落は売り

⑧株価が上昇しつつあるMAより上に大きく乖離した場合、短期的な反落が狙える

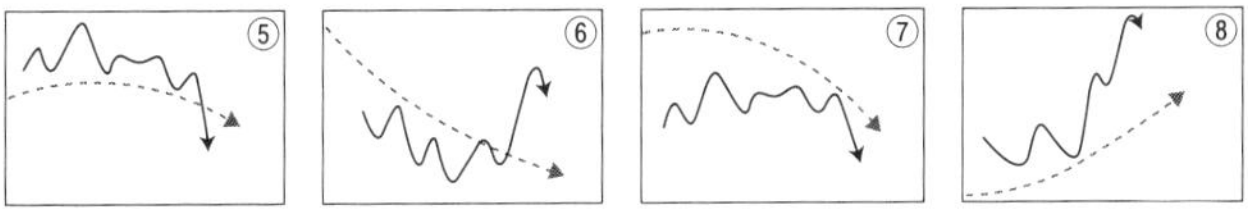

打って上昇に転じたサインだと考えるのです。

ただ、これだけで大底を打ったと判断するには、いささか心許ない感じがします。もう少し確証が欲しいので、天底を確認するため、他のオシレーター系のテクニカル指標もチェックします。

ちなみに、会社四季報に掲載されているチャートは月足です。月足は1カ月間の始値、高値、安値、終値を1本のローソク足で示したものですから、基本的には中長期投資のための判断材料と考えてください。

たとえばデイトレーダーのような短期売買に徹するのであれば、日足を用いるわけです。その短期トレードの場合、基本的には会社を買うのではなく株価を買うことになるので、そもそも会社四季報に目を通す必要性は、ほとんどないと考えられます。

手順2　ストキャスティクスで天底を確認する

ストキャスティクスには、動きの速い「ファースト・ストキャスティクス」と、動きの遅い「スロー・ストキャスティクス」があります。基本的に、**短期の天底**を確認するためにはファースト・ストキャスティクスを、**中長期的な天底**を確認するためにはスロー・ストキャスティクスを用います。

また、テクニカル分析には、たとえば買いサインが出ているのに、さらに株価が下がったり、売りサインが出ているのに、さらに株価が上がったりというように、サインとは逆の動きをすることがあります。これが「だまし」と言われるものです。そしてスロー・ストキャスティクスのほうが、ファースト・ストキャスティクスに比べて、**だましが少ない**と言われています。

基本的な見方としては、％Dと％SDという2本のラインがどう交わるのかをチェックします。0％から100％の範囲で上下に動きますので、0％付近で％Dが％SDを下から上に突き抜けたタイミングが買い、逆に100％付近で％Dが％SDを上から下に突き抜けたタイミングが売りと考えます。

前述したグランビルの第一法則で、移動平均線が下降から横ばい、あるいは上昇へと移行し、ローソク足が移動平均線の下から上に乗っかったタイミングでストキャスティクス

ストキャスティクスの見方

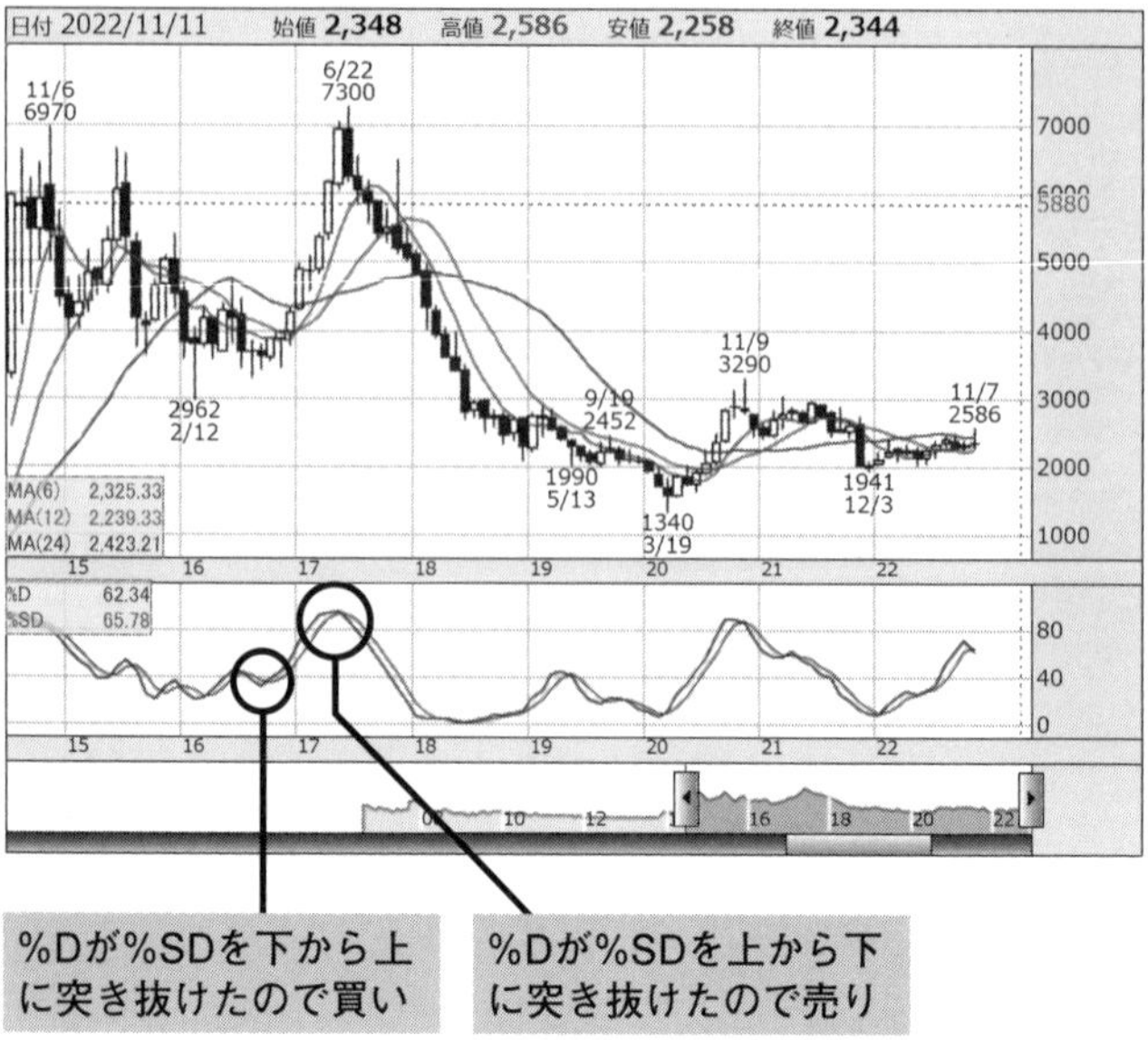

をチェックし、％Dが％SDを下から上に突き抜けていたら、買いのタイミングがいよいよ強まったと考えられます。

手順3　MACDでトレンドを確認する

トレンドを確認する場合は、MACD（マックディー）を用いるといいでしょう。MACDの見方はいくつかあるのですが、ここでは2つ紹介します。

まずMACDの傾きを見ます。具体的には、MACDのラインがプラス圏にあり、かつ上向きの場合は上昇トレンドの勢いが強いと判断し、プラス圏のなかで下向きに転じた時には、下降トレンド入りした可能性が高いと判断します。

また、MACDがマイナス圏にあり、かつ下向きの場合は下降トレンドの勢いが強いと判断し、マイナス圏のなかで上向きに転じた時は、上昇トレンド入りした可能性が高いと判断できます。

それと同時に「**ダイバージェンス**」という現象にも注目します。

MACDの見方

MACDがプラス圏で上向き＝強い上昇とレンド

MACDがプラス圏で下向き、さらにマイナス限で下向きになる＝強い下降トレンド

たとえば株価を示すローソク足が上昇しているにもかかわらず、ＭＡＣＤのラインが下向きになっている時は「発散」といって下落トレンドに移行するシグナルになります。逆にローソク足が下落しているなかで、ＭＡＣＤのラインが上昇している時は「収束」といい、上昇トレンドに転じるシグナルと考えられます。

第5章

私と会社四季報との出会い

野村證券に入社

私がどういう形で会社四季報に出会い、活用するようになったのか。その話をしたいと思います。

1990年、野村證券に入社しました。大学では「基礎工学類変換工学」という、金融とはまったく関係のない学部を出たのですが、当時の証券業界では理系を採用する動きが結構活発で、その流れで野村證券に入社したという感じです。

入社式のことは鮮明に覚えています。何しろ、バブル経済の崩壊を予感させるかのように、株価が急落していたからです。研修を行った後、銀座支店に配属されたものの、とにかく株式相場が滅茶苦茶な状態でしたから、先輩社員は自分のお客様の対応に追われていて新人は放りっぱなしにされていました。

株価がどんどん下がるため、新規開拓で飛び込み外交してもなかなかお客様になってくれる人はいませんし、ようやくできたお客様のところに行くと、株価が下がって損をしているものだから、怒られる。そんなことを繰り返していると段々、モチベーションが下がっていきます。そのうち、さぼり癖がついてしまいました。

そんなこんなで適当に流して仕事をするという日々を過ごしているうちに、長崎支店への転勤を命じられました。ここでちょっとした転機が訪れます。

長崎支店でも適当に流すような仕事をしていたのですが、当時、ＩＴが話題に上るようになり、そのなかで**「ソフトバンク」**（９４３４）という会社が注目されるようになりました。この時、初めて会社の中身を調べるようになったのです。本当に漠然とではありますが、何か面白みのようなものを感じました。

ソフトバンクといえば孫正義氏です。当時、彼について書かれた本を読んでみました。孫氏の通名は「安本正義」でしたが、ある時自分が在日韓国人であることを知ります。

その孫氏が高校に入学した時、家庭教師に薦められて読んだ本が司馬遼太郎著の『竜馬がゆく』だったそうです。孫氏はカリフォルニア大学を卒業して帰国した後、現在のソフトバンクグループの前身である日本ソフトバンクを創業したものの、創業間もない１９８３年に大病を患ってしまいます。

この時、本当にたくさんの本を読んだそうです。経営書から歴史書、コンピュータ関連書など、その数は3000〜4000冊にものぼりました。そのなかで唯一、再読したのが前述の『竜馬がゆく』だったそうです。

当時の私はまったく歴史には興味がなく、野村證券で働いていた先輩社員のなかにも、この本を愛読書にしている人は大勢いたのに、手に取ったこともありませんでした。

それが、たまたま当時、ソフトバンクについていろいろ調べていたことと、孫正義氏という経営者に興味を持ち、彼が読んだ本を知ったことによって、「ソフトバンク→孫正義→竜馬がゆく」という流れから、ついに歴史に興味を持つようになったのです。同書では長崎がしょっちゅう登場することも大きかったと思います。

そこで『竜馬がゆく』を手にしたのですが、あまりにも面白く、あっという間に読み終えてしまいました。

先にも触れたように、私は日本の産業史の足跡をたどるため、フィールドワークと称して日本中を旅しています。しかしもし『竜馬がゆく』を読まなかったら、さらに大元をたどれば孫正義という人物に興味を持たなければ、もっと言うとソフトバンクという会社を調べなかったら、産業史の足跡をたどろうなどとは、まったく考えなかったかもしれません。

ちなみに『竜馬がゆく』の舞台は、竜馬が生まれ育った高知県、脱藩して向かった東京都、海援隊を組織して海外との貿易を行った長崎県、薩長連合を成立させるために奔走した山口県、そして竜馬最期の地となった京都府というように、大体この５カ所を中心にしてストーリーが展開されます。

「あれ？　自分が今、働いている長崎の知っている場所がたくさん出てくるじゃないか」と思いました。長崎には亀山社中《かめやましゃちゅう》という坂本竜馬が設立した日本初の商社の跡がありますし、花月という坂本竜馬ゆかりの料亭もあります。実は自分にとって非常に身近なところに、明治維新の歴史的な場所がたくさんあることに気づきました。

それ以来、夏休みなど、比較的長期の休暇が取れた時など、幕末の歴史に深い関係のある場所へ旅行をし、いろいろ「調べる」ことが趣味になっていきました。これは今の仕事にも生きています。

最初のターニングポイント

1997年、東京の本店に異動するように辞令が発令されました。

これは余談になるのですが、当時の野村證券の人事異動は本当に凄くて、転勤発表日の当日まで自分が転勤なのか、転勤だとするとどこに行くのかが知らされなかったのです。お昼頃に集合がかかり、支店長から、「渡部君の異動先は日本橋本店です」といったように伝えてくるのです。

そして自分の転勤が決まったら即、前任者との引き継ぎが始まります。これを1週間で終わらせなければなりません。長崎から東京への異動が決まった時は、人事が発令された翌日にはもう日本橋本店に行って、前任者と一緒に引き継ぎ回りをしました。当然、月曜日から金曜日までのウイークデイでは終わらないので、時間を合わせられるお客様がいれば土日でもうかがいます。

そして、その翌週には長崎に戻り、今度は長崎支店に赴任する新しい担当者に、自分の長崎のお客様を引き継いでいくのです。つまり、まる２週間はひたすら引き継ぎを行うのです。

そんなこんなでバタバタしていたある日、驚きのニュースが飛び込んできました。山一證券の破綻です。１９９７年11月24日のことでした。

この出来事と前後して三洋証券、北海道拓殖銀行、日本長期信用銀行、日本債券信用銀行など、日本の大手金融機関が次々に倒産しました。野村證券も無傷では済まず、いささか反社的行為があって社長が交代するなど、社内外のムードが暗い時期でもあったのです。そんななかで東京の日本橋本店に異動してきました。

バブル当時の野村證券といえば、株式売買で得られる売買委託手数料と、投資信託の販売で得られる購入時手数料でどんどん稼ぐというのが、リテール営業の仕事でした。しかし株式営業に絡んだスキャンダルが露呈したことによって、新しい社長の方針は「株式を投資家に売買させるのではなく、長期的な資産管理営業を目指す」と変わりました。

ある意味、時代を先取りしていたとも言えるのですが、営業方針が見直されたことによって、「とにかく何でもいいから買わせろ、売らせろ。手数料を稼げ」というムードが若干、やわらぎました。それと同時に、組織改革も行われました。本店営業部には1課から4課まであったのですが、そのような縦軸の業務命令の指示系統以外に、プロダクツによって各課を横串で刺すチームという機能があって、非常に複雑な指示系統ができあがっていきました。

プロダクツごとというのは、エクイティチーム、ボンドチーム、投信チームという具合です。エクイティは株式関連のプロダクツであり、ボンドは債券のことです。私は本店営業部ではまだぺーぺーに近いところにいたのですが、プロダクツの担当としてはエクイティチームを命じられました。

縦軸の世界で所属している課の上司からは、「もっと仕事しろ。手数料を上げろ」と檄が飛んできます。

一方、横軸ではエクイティチームの上司から、「ちょっとエクイティチーム集合して資料をつくれ」という指示が飛んできます。いったい自分はどっちを向いて仕事をすればいいのか、非常にわかりにくい命令系統になったのです。でも、ここで悩んでいても仕方がありません。今までは中途半端な仕事の仕方をしていたので一念発起して、何かに一所懸命取り組んでみようと思うようになりました。半年後に結婚を控えていたというのも、モチベーションになったのだと思います。

そんな時、エクイティチームを率いていた上司から、四の五の言わずにこれを読めと言って渡されたのが、「会社四季報」でした。もちろん支店営業にいた時も、会社四季報には触れていたものの、中身を熟読することはなかったのです。顧客に勧める銘柄があった時、該当するページを繰って会社の中身を少し把握しておく、という程度の使い方でしかありませんでした。

それをとにかくすべてに目を通せと命じられ、会社四季報の１ページ目から順番に小さい文字を追っていきました。

この時、上司から言われたのは、**「会社四季報を読め」**、**「新聞の切り抜きをしろ」**、**「指標ノートをつけろ」**の３点でした。指標ノートとは、国内外の株価や金利、為替レートなど、マーケットのデータを日々、ノートにつけていくものです。エクセルなどの表計算ソフトに入力するのではなく、自分の手でエンピツとノートでつけることに意味があります。そうすることによって、ちょっとした数字の変化に目が届くようになります。そのちょっとした変化が、大きな意味合いを持つことがあるのです。

これらが当時のエクイティチームにおいては、マーケットを勉強するうえでの「三種の神器」として考えられていたのです。そして、この時を機に会社四季報をひたすら読むようになったことで、その後の自分の人生が大きく開けてきたのです。

会社四季報を読むようになって企業に対する興味が高まる

この頃株式相場は低調で、私が長崎支店でおすすめしていたソフトバンクなどは、95年の高値から50分の1程度まで暴落していました。お客様にご迷惑をおかけして申し訳ないと感じると同時に、自分の勉強不足を認識しました。それを認識したこともあり、「四季報を読め」という先輩社員の言葉を素直に受け止められたのだと思います。

ただ、真剣に読んでみたところ、これが結構面白いのです。

正直、当時でも上場企業の数は相当数に上っていましたから、証券業界に入って10年が経過しているといっても、まだまだ知らない会社がほとんどでした。

でも会社名は知らなくても、会社四季報に書かれている記事を読むと、実はその会社がつくっている製品やサービスが意外と自分の身近なところにあったりするのです。それに気づいた時、俄然、会社四季報に対する興味がわいてきました。

最初に興味を持った会社は、**松井建設**（１８１０）でした。何しろ創業が１５８６年で、その起源は加賀藩前田家の城大工と書かれていました。

「城大工で１５８６年創業？」

正直、驚きました。そんな会社が今の時代に上場しているなんて思ってもいなかったのです。

興味を持って調べてみると、日本でもっとも古い上場企業であることもわかりました。

また後日、休日に鎌倉散策に出かけたところ、拝観したいと思っていた重要文化財の建物に「修繕中につき公開していません」という看板がかけられ、建物には全体を覆う幕がかかっていました。

それまでなら「なんだよ。せっかくここまで来たのに、残念」ってなるところですが、この頃は「どこが修繕をやっているのだろう」という目線で見るようになりました。それでどこが修繕しているのかという目線で見ると、その幕に大きく「松井建設」と書かれていて、「おおお〜」となったのです。企業に対してこういう気づきを得られるのが、会社四季報を読むことの醍醐味《だいごみ》なんだなと思った瞬間でした。

当時、ゼネコンなど建設業界は非常に業績が厳しい時期でした。だから会社四季報を頭から読んでいくと、**極洋**（１３０１）、**ニッスイ**（日本水産、１３３２）、ニチロ、マルハ（現・**マルハニチロ**、１３３３）などの水産・農林に続いて、すぐに建設業が出てきて、どんどん気分が落ちていきました。当時の建設業はバブル崩壊の影響を長く受けていて、業績は非常に厳しい状況でした。１９９７年あたりから多くの建設会社が債務免除、会社更生法適用、債務株式化、民事再生法適用など、さまざまな方法で不良債権処理を進めながら、生き残ろうとしていた時期でもあったのです。なかには倒産した建設会社もたくさんありました。

だから会社四季報のページを繰っていても、「赤字」、「厳しい」、「大幅減益」といった言葉ばかりが見出しに載っているので、正直、見ているだけでしんどい気持ちになっていくのです。

その厳しいところを乗り越えると、証券コード2000番台は「食料品」の会社が並びます。ここは知っている会社がたくさんあります。

そして意外な発見がたくさんありました。当時の私は、「カメダのあられ、おせんべい」というCMソングは知っていましたが、まさか**「亀田製菓」**（2220）が上場しているなんて思ってもみなかったのです。今は東証プライム市場に上場されている同社ですが、当時は新潟証券取引所単独上場企業でした。

住所を見ると、「新潟市江南区亀田工業団地」とあります。工業団地の名前に亀田製菓の名前が掲載されてしまうほど、新潟県の中では指折りの大企業なんだなということがわかりました。

ちなみに新潟証券取引所は2000年3月1日に廃止され、そこに上場されていた企業は東京証券取引所上場銘柄になりました。

他にも、たとえば長崎支店時代、時々、東京に来ることがあったので、長崎に戻る時、羽田空港で必ず「神戸コロッケ」を買って、寮に帰ってから食べたりしてました。その神戸コロッケをつくっている会社が**ロック・フィールド**（2910）といって、これも上場していることを知りました。油揚げをつくっている会社や高野豆腐をつくっている会社も上場していることを知って興奮しました。このように普段、スーパーマーケットなどで見ているブランド名と企業名が一致した瞬間や、自分にとって本当に身近なところにある食材が上場企業であることに気づくと、ますます企業に対する興味が深まり、もっと会社四季報を熟読していこうと思いました。

そんなことを繰り返しているうちに、街を歩いていると、街にあるさまざまなものから上場企業が見えてくるようになりました。これはとても興味深い現象です。会社四季報を1冊全部読破したからこそ、できるようになったのです。

株式投資のパフォーマンスの凄さを実感する

こうして会社四季報を熟読する癖をつけ、そこで得た気づきをお客様に話しているうちに、少しずつではありますが、お客様から信頼されるようになりました。

街を歩いていると上場企業が見えてくるようになり、そこからちょっとしたストーリーが描けるようになりました。そして、そのストーリーのなかから、「投資してみたら面白いのではないか」と思えるような企業が浮かんでくるようになったのです。

97年から98年というのはバブル崩壊の真最中で世の中は先が見えず、どんどん暗くなっていく時代でもありました。

しかし、そのなかにおいても成長する企業がいくつもあったのです。日本製鉄やトヨタ自動車などの超巨大企業ではありません。時価総額で言うと数百億円程度の中小型株のなかに将来成長する可能性を感じられる企業が、いくつも見つかるようになってきたのです。

証券会社に勤務していると制限はかかりますが、短期売買をしなければ自分で株式に投資することができます。たまたまお客様に買ってもらった銘柄の株価が10倍高のテンバガーになったため、自分でも少し投資してみようと考えるようになりました。

そして最初に買ったのが**西松屋チェーン**（7545）だったのです。

西松屋チェーンは兵庫県姫路市に本社を構える会社で、今は全国規模でベビー・子供衣料や生活雑貨を扱うロードサイド店を展開しています、ただし私が注目した当時はまだ東京に店舗がありませんでした。

そこで姫路支店に内線をかけて、西松屋チェーンの資料を一式送ってもらいました。それを見ながら投資したら150万円くらいで買ったその銘柄が、あっという間に倍の300万円に増えたのです。

今度はベンチャーリンク（現在は上場廃止）です。この会社も2000円くらいで投資したのが7000円くらいまで値上がりしました。最後は日商インターライフ（現・**インターライフホールディングス**、1418）という会社の株式に投資しました。すると400円くらいの株価で買ったのが、2800円くらいまで値上がりしました。150万円の軍資金で投資したのが、最終的に2000万円くらいになったのです。株式投資のパフォーマンスの凄さを見せつけられた思いでした。

故安倍元首相と同じ病気になってしまった

この話も、ちょっと本筋からは外れるのですが、私が今の仕事をするようになった、ひとつのきっかけともいうような出来事だったので本書で少し触れたいと思います。

本店営業部での仕事にも慣れてきた１９９９年11月、故安倍晋三元首相が罹った潰瘍性大腸炎になりました。即入院です。そこから約２年間、入退院を繰り返す生活を余儀《よぎ》なくされました。入院したのが１９９９年11月でしたので、２０００年のお正月は病院で迎えました。

そのころの私は仕事が上り調子で、上司からは「希望する部署に行かせてやるから申告しろ」と言われていました。とにかく株が大好きだったので、「１日中、株式のセールスができる部署に行かせて欲しい」と言ったところ、機関投資家営業部という部署があるのでそこに行かせてやると言われていました。

機関投資家営業部とは、国内外の機関投資家に日本株を販売する部署です。販売できるのは日本株だけ。その部署への異動は２０００年でしたが、入院していたので出社もできずという状況でした。ですので機関投資家営業部に配属してもらえたのに、何も仕事ができない１年間を過ごすことになりました。

この１年の空白は、出世競争をしている職業人にとっては致命的でした。これで野村證券内での出世の可能性は、ほぼなくなったのです。現実に野村證券で一番先に課長昇格する人のことを「第一選抜」というのですが、病気がほぼ完治して現場に戻ってきた私は、「第四選抜」にまで落ちていました。そして基本的に第二選抜よりも下の人は、一生出世できないというのが当時の野村證券では暗黙のルールでした。余談ですが、病気は内科療法では治療せず、大腸全摘となり、体重も入院前は90キロくらいあったのが、一番やせた時で58キロまで落ちました。

2年近い入院生活で、実は生死を彷徨《さまよ》ったこともありました。しかし、その経験によって自分の気持ちにも大きな変化が生じました。

まず、自分自身がそれまであまりにも身勝手に生きてきたことを反省しました。自分が本当に痛い目に遭ったことによって、もっと他人の痛みを理解できるようにならねばと思うようになったのです。

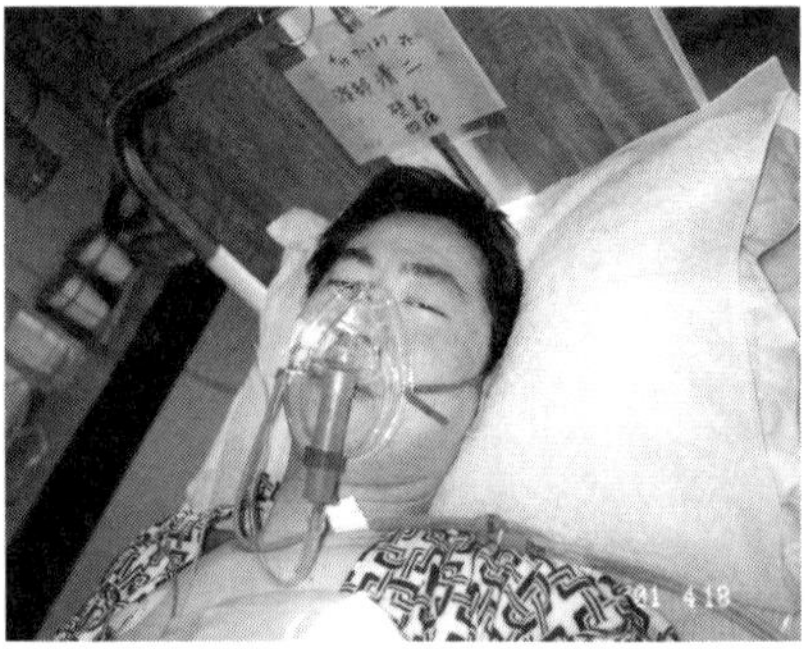
本当に生死をさまよった入院中の筆者

すると、今度は仕事に対する感覚も変わってきました。野村證券といえば結構な高給取りと世間では思われています。何しろ仕事がハードなので、社中で働いている人は結構、不平不満が溜まっています。仕事がどうのこうのとか、給料が安いとか、酒を呑むと結構文句が出てくるのです。ところが2年近く会社に行けず入院生活を送っていると、仕事ができるだけで幸せを感じるようになったのです。

第四選抜まで落ちて肩の力が抜けたというか、仕事ってお客様のため、自分のためにやりたいことができれば、それでいいじゃないか、お金なんてその次だろうという認識に変わってしまったのです。

ある意味、開き直ったところもあったのかもしれません。

とにかく私は日本株が好きだから自分で将来有望な銘柄を探し、それを機関投資家のようなプロの投資家に提案して採用され、その銘柄が高いパフォーマンスを上げるようになれば、それで十分ではないか、と考えるようになりました。

結果的には、それが非常に良かったのです。何しろ社内で課長になり、部長になり、いずれ役員になるためには、成績を出すだけでは駄目です。上司に好かれなければなりませんし、部下から信頼されなければ、上に行くことはできません。そのためには上司、部下は関係なく、人に対してゴマをすらなければならない場面も出てきます。

でも、出世を考えなければ、面倒な人間関係に煩《わずら》わされることもなく、お客様のことだけ考えて自分の好きな仕事に邁進できます。

機関投資家営業部の仕事は、運用のプロとされる機関投資家から日本株の売買の注文をいただくことです。一方、機関投資家は日本株を売買することが仕事ですので、必然的に日系、外資系問わず数十社の証券会社の担当者が営業に行きます。そして各社の担当者は、株式に関するさまざまな情報を提供したり、ＩＲミーティングやアナリストミーティングなどを設定したりします。

それらのクオリティに応じて、機関投資家は「ブローカー評価」という証券会社のランキングを決めています。そして1位の証券会社には発注する注文のうち15％を、2位には10％を、3位には7％をという具合に、売買注文を各証券会社に配分していくのです。つまり1位を獲れれば、それだけたくさんの注文を出してくれるので、入ってくる手数料も大きくなるわけです。おかげで私はこの評価で1位をいただいておりました。

不思議なもので、出世をあきらめて自分のやりたい仕事に邁進した結果、成績がどんどん上がっていき、再び部長職への昇進レースでは第二選抜まで戻り、２年分を取り返せたのです。

グローバルな部署になるなかで自分の得意技を活かす

２００８年にリーマンショックが起こり、野村證券は一世一代の勝負に出ました。倒産したリーマンブラザーズの米国以外の部門を買収したのです。これによって欧州と中東で６０００人の人員を抱えることになりました。

機関投資家営業部にも人員の幅が一気に広がり、グローバル化していきました。英語を話せるのは当然で、なかには２か国語、３か国語を自由に操る社員も出てきました。

でも私はどうかというと、銀座支店、長崎支店というようにリテール営業から機関投資家営業に上がってきた人間です。その間、海外勤務の経験もなければ、海外留学もしていません。英語はからっきしだったのです。

とはいえ、今から英語を勉強したとしても、語学のレベルで周りの人間に追いつけるはずがありません。ということで、ここでも自分の得意技に集中することにしたのです。会社四季報を武器にして、日本株の銘柄を発掘する能力を極限まで高めることによって、自分自身をこの部署に欠くことのできないコンテンツにしようと考えたのです。

自分が発信する情報が必要不可欠なものになれば、あとはこっちのものです。日本語しかできなくても、周りには2か国語も、3か国語も操れる語学の達人が大勢います。そういう人に自分のコンテンツを翻訳させればいいだけの話です。

だから私自身は日本株のリサーチに特化して、言葉も日本語。外国語が必要な時は部下に書かせる、話させるということを徹底しました。するとと面白いもので、今度は私の課が、語学は堪能だが日本株はまったく知らない新人育成の課になっていったのです。

外国人社員も同じでした。語学はできても、日本株はおろか日本の文化も知らない人を、日本株に特化した機関投資家営業部に配属させるには私

相棒となったエミン・ユルマズ氏

の課しかなかったのです。そうこうするうちに、今度はトルコ人が配属されてきました。今、私と一緒に複眼経済塾を盛り上げてくれているエミン・ユルマズです。

誰もトルコ人社員と一緒に働いたことがない。部の上の人間も、何をどう指導すれば良いのかわからない。それで私の課に配属されてきたのです。

彼はイスラム教徒だし、育ちはイスタンブールだから当然、コテコテの日本人が大勢いる、日本企業である野村證券で働くうえで考え方の違いがあります。だから初めて彼に挨拶をした時、どうしてもこれだけは止めて欲しいということを言ってくれと伝えました。言われたことは注意する。ただし、それ以外のことはすべて日本流、野村流で行く。日本流の作法、ビジネスマナーを知らない限りは仕事ができない。当然、仕事のうえでは怒ることもあるけれども、それはすべてオンビジネスの話であって、エミンのことを嫌いで言っているのではない。そこは理解して欲しい。

そんな話をしました。

エミンが私の部下になった時の部署は、１課から４課までの縦軸と、顧客担当ごとのチームである横軸の指示系統ができていたのですが、そうなると新任者は誰の指示を聞けば良いのかわからなくなり、段々と駄目になっていくのです。それがわかっていたので、私は大勢の前でエミンを叱ることで、他の人が誰もエミンに口出しができなくなるようにし、それが最終的にエミンを守ることにつながることも彼には伝えました。とても頭脳明晰なので、彼もそれをしっかり理解してくれました。

ちなみに私は、英語はからっきし駄目でしたが、中国語だけは少し話すことができました。それは中国に留学したことがある部下のひとりが、「これからは中国株が面白くなるので中国語を勉強しておいたほうがいいですよ」と言ってきたので勉強したのです。どうやって勉強すればいいのかを聞いたところ、NHKの中国語講座で十分だと言うので、それに従って勉強し、多少中国語の会話ができるようになりました。

それを知っていた私の上司が、「誰も中国語はわからないので、中国人社員の管理は難しい。コンプライアンス管理の観点から、中国語が多少わかる渡部の下につけておけば、変なこともしないだろう」という理由で、私の下に2人の中国人社員を配属してきました。

この2人はその後、シンガポールやニューヨークで大活躍しました。

金融が虚業であることに気づいた瞬間

これは仕方がないといえばそうなのですが、会社四季報を熟読し、そこからストーリーを必死に考えて銘柄を選んだとしても、株価に反映されないことは結構あります。

自分の見立てが間違っていて業績が上がらず、株価が下がるというのであれば、まだ理解できるのです。ところが、その会社にはまったく悪いところがなく、業績も絶好調なのに、マーケットのセンチメントが悪化すれば株価が下がってしまうのです。

そういうケースを幾度となく経験してきて思うのは、「**金融は虚業なのではないか**」ということです。

実は２回、それを強烈に認識した経験があります。

ひとつめは２００３年の話です。私が野村證券に入社したのが１９９０年ですから、株価としてはずっと下がり続けてきました。この間、１９９５年の住専（住宅金融専門会社）の不良債権問題、１９９７年の三洋証券、山一證券、北海道拓殖銀行の破綻、１９９

8年の日本長期信用銀行、日本債券信用銀行の一時国有化といったように、幾度となく金融不安の高まった時期はありました。しかし私自身は2003年の金融不安が一番危ないと感じていました。

この時、何があったのかというと、**みずほフィナンシャルグループ**（8411）が1兆円の資金調達に走り、三菱東京フィナンシャル・グループ（現・**三菱UFJフィナンシャル・グループ**、8306）が約3000億円規模の公募増資を行ったのです。

この2003年に行われた公募増資の時、同行の頭取が野村證券のディーリングルームに姿を現し、次のようなお話をされました。

「現在、日本の金融は窮地に立たされていて、この公募増資が失敗すると、いよいよ日本の金融は破綻するかも知れない。ついてはこの公募増資は、何が何でも成功させたい。皆さんのお力を貸してください」

わざわざ頭取が来社された理由は、今回行われる大型の公募増資がどういう意味を持つのかを、ディーリングルームで日々、株式発行による資金調達の手伝いをしている野村證券の現場の社員に理解してもらおうとしたのです。

この時、いよいよ日本の金融は大変なことになると思いました。メガバンクのいずれかが経営破綻に陥れば、その途端に資金繰りに窮《きゅう》する企業はたくさんある。そこも連鎖的に倒産する。世の中には失業者があふれ、生活保護を受けなければ生きていけないような人が氾濫《はんらん》する。下手をすれば今後、さらに10年、20年くらい経済は立ち直らず、厳しい状況をしのいでいかなければならなくなる。

そんなことを考えていました。

ところが１日の仕事を終えて会社の外に出て見ると、「あれ？」という気持ちになりました。この日１日、日本がいよいよ金融破綻に陥り、世の中が大変なことになるのではないかなどと考え、暗澹《あんたん》たる気持ちでいたのに、一歩外に出てみると目の前には実に平和な景色が広がっていました。道行く人たちは皆、これからの日本が金融恐慌でとんでもないことになるなどとは微塵《みじん》も考えておらず、ふだんと同じように家路を急いでいたのです。

その光景を目にした時、「金融は虚業なのではないか」との考えが、ふと頭に浮かんできたのです。金融不安だ、株価暴落だなどと大騒ぎしているのは金融村にいる一部の人間だけに過ぎず、実は何者かによって騒がされ、お金が動かされているのではないかと考えるようになりました。

2つめはリーマンショックで、金融村と世間一般とのギャップを激しく感じました。金融業界の人たちは、もう明日にでも世の中が終わるというくらいの絶望感に打ちひしがれていたのです。ところが、やはり一般の世の中の人たちは「リーマンショック？　何それ？　サラリーマンがリストラでショック受けること?」くらいの認識でした。

これは数字で説明できます。

リーマンショックによって世界中から失われた株式の時価総額は、3000兆円くらいです。それ以前が6000兆円規模だったので、半分近くが吹き飛んだことになります。3000兆円は途方もない金額です。それがあっという間に消し飛んでしまったのですから、金融村的には本当に大変なことなのです。

しかし金融村の住民は一体、全人口のどのくらいの比率なのかを考えてみてください。恐らく1%にも満たないでしょう。100人に1人もいないのです。その程度の人たちの間でしか騒がれていない話ですから、恐らく「リーマンショック」を言葉では聞いたことがあったとしても、それがどういう意味を持っているのかまで理解できている人は、この世の中のごくごく一部に過ぎないのです。

それに気づいた時から、「投資って何だろう」ということを真剣に考えるようになりました。

「投資」って何だろう

私のこれまでの人生において、ターニングポイントは3つありました。

ひとつは1997年12月。長崎支店から日本橋本店に異動して先輩社員から「会社四季報を読め」と言われて読み始めた時。これによってたくさんの企業があることを知り、株式投資の面白さに気づき、会社四季報を真面目に読むことによって株式投資で儲かることを知りました。

2つめのターニングポイントは、2000年に機関投資家営業部に配属されたことです。この部署は前述したように世界の機関投資家を相手にして、日本の株式を買ってもらうところです。とにかくお客様である機関投資家に儲けてもらわなければ、存在が否定されてしまいます。極端な話、私はブラック企業であろうと、仕手株であろうと、とにかく儲かりさえすれば良い、そういう意識を持っていました。

「儲かりさえすれば良い」。こう考えた時点で、株式を「企業価値を表象したもの」としてではなく、単なる「株」として捉えていることになります。つまり企業が持っている本質的な価値ではなく、単なる株価だけを見て「丁半博打《ちょうはんばくち》」をして勝つことを目指していたのです。

そういうなかで、3つめのターニングポイントが訪れました。それが前述したように、2003年の金融危機と2008年のリーマンショックによって、「金融は虚業なのではないか」と思い始めて、投資の本質を考えるようになったことです。

この時は、本当にいろいろなことを考えました。リーマンショックひとつを取っても、世界の株式市場の時価総額が半分程度まで減っていくなかで、それでも生き残るだけでなく、良い成績を収めているファンドマネジャーもいるという事実でした。

一体、何が違うのだろうか。そんなことを考えているうちに、「そもそも投資とは何なのか」ということに思いを馳《は》せるようになりました。その思索の旅が、今の複眼経済塾設立へとつながっていったのです。

「投資は儲けるためのもの」。そう思ってきた私にとって、３つめのターニングポイントは考え方だけでなく、生き方そのものも大きく変えることになりました。

「投資」の意味をネットや辞書で調べてみると、①儲けを目的にして、何かに資金を投じる行為、②何かしらの見返りを期待して、何かに資金を投入する行為、と書かれていました。

前者の儲けを目的にするというのはすぐに理解できるのですが、後者②の「何かしらの見返り」は、儲けること以外に思いつかなかったのです。つまり①も②も「投資とは儲けること」という解釈です。

しかしこの考え方は、私が見てきた成功者が言っていることと食い違っていて矛盾が生じてしまうのです。たとえば、

「儲けようと思って行ったことで儲かった人なんて、見たことない」

これはかの有名な高須クリニック院長の高須克弥院長が、とあるテレビ番組でタレントが半分ちゃかしながら、「どうしたら先生みたいにお金儲けをできるのですか」と質問し

た時の答えでした。もうひとつは、

「勝ちを求めれば、破滅の要素をはらんでいる」

これはプロ麻雀士である桜井章一氏の本に書かれていた言葉です。この本は、ある大手外資系運用会社のカリスマファンドマネジャーから「投資の本質が書かれている」と勧められて読んだ本でした。

桜井氏はプロ麻雀士で、「雀鬼《じゃんき》」という異名を持っています。これまで無敗記録を更新し続けている、まさに勝負師です。彼は本のなかでそのように言っているのです。この「勝ち」を「儲け」に置き換えると、「（株式投資で）**儲けを求めれば、破滅する**」ということになります。

自分にとって2つめのターニングポイントでは、一所懸命、「儲けること」に邁進してきたわけです。それなのに雀鬼の言葉を借りると、それでは顧客も私も破滅の道をひた走っていることになってしまいます。

それを聞いた時、「あれっ?」と思ったのです。高須先生の言ったことを投資に置き換えて考えれば、お金儲けだけを目的とした投資をしても、成功する人はいないということになります。

それまで「投資とはお金を儲けること」だと思い続けてきた私には、この大いなる矛盾をどうやって消化すればいいのか、なかなか答えが見つかりませんでした。

実は、「投資は儲けるためのものではないのかもしれない」という、うっすらとした気づきのようなものは前々からあったのです。それは、恐らく日本人のＤＮＡのどこかに刷り込まれているものといっても良いでしょう。

何によって刷り込まれているのかというと、「昔ばなし」です。

私が子どもだった頃、テレビアニメで「まんが日本昔ばなし」という番組がありました。とても大好きな番組で土曜日の夜７時になると、テレビの前にかじりついて観たものです。この昔ばなしは正直者と欲張り者、正義の味方と悪人、といった二項対立で話が進んでいくケースが大半です。

このうち「正直者と欲張り者」の話が、まさに投資の心理をついているのではないかと思ったのです。

たとえば「花咲かじいさん」の話。心優しい老夫婦と欲深い老夫婦がいて、心優しい老夫婦が傷ついた子犬を見つけ、家に連れて帰り、我が子のように育てたところ、ある時、その犬が畑の土を掘りながら、「ここ掘れワンワン」と鳴き始めるというお話です。心優しい老夫婦がそこを掘ったら、金の大判、小判がたくさん掘り起こされました。

ところが、それを妬んだ欲深い老夫婦がその犬を連れ帰り、犬が指示した場所を掘ると、ガラクタがたくさん出てきました。

この話にはまだまだ先があるのですが、ひとまずここまでとしましょう。要するに欲をかくとロクなことにならないことを戒めたお話です。

「舌切り雀」も同じです。これは心優しいお爺さんと欲張りなお婆さんの老夫婦を描いた話で、やはり欲をかいたお婆さんに罰が当たる話でした。

恐らく子どもの頃に聞いた話で、ほとんど忘れている方が大半でしょう。でも実は忘れているようでいて、心のどこかには「欲をかいてはいけない」という教えが残っているのではないでしょうか。

これは自分自身の証券営業の経験を思い出しても、納得できることがありました。

証券会社の営業は、市場が開いている間、ひたすら電話営業をします。「この銘柄、儲かりますよ。いかがですか」と勧誘しても大半の人は「いえ、結構です」のひとことで電話を切ります。

まさに日本人のＤＮＡのなせる業ではないかと思うのです。「儲かりますよ」という言葉を聞いた瞬間、「あ、これはきっと痛い目にあうな」と思って、大半の人はガードを固めてしまうのです。この手の話にひょいひょい乗ってくるのは、恐らく１００人中５人いるかいないかの欲張りな人なのかもしれません。そういう思いが心の奥底にあったものの、儲けを目的にしないとしたら投資は何のためにするのかの答えが見つからないまま、時が過ぎていきました。

ところが、この投資を「株式投資」ではなく、**「子どもへの投資」**に置き換えて考えた時、矛盾がすっと氷解していきました。

子どもへの投資における見返りは、子どもの成長と健康以外にはないのです。ここに投資の原点があるのではないか、ということに気づきました。

たとえば大リーガーの大谷翔平選手のご両親が、「コイツに野球をやらせたら将来、儲かるかもしれないから、どんどん投資して野球をやらせよう」などと考えていたとしたら、それはちょっと怖いことですが、そういう親は恐らくほとんどいないでしょう。「お前にはたくさんのお金をかけて教育したけれども、経済的なリターンという点ではマイナスだったな」と親から言われた人も、まずいないはずです。

といっても、私のセミナーでこの質問をすると、たまに100人にひとりくらいの割合で言われたことがある人がいるので、皆無ではないのですが……。

そこでもう一度、株式投資に置き換えて考えると、株式投資による見返りは、**企業の成長と健康**なのではないかという考えに至ったのです。

企業の成長と健康を願って資金を投じること。そう考えると、株式投資は非常に崇高なものであると考えられます。

上場企業にはとても大勢の人たちが働いています。そこで働き、お給料を得て、社員ひとりひとりの生活が成り立っていきます。最近は単身者も増えていますが、結婚して子どもがいたりしたら、たとえば社員数1万人の企業があったとすると、その企業は3万人、あるいは4万人の生活を維持していることになります。

それだけの人を養っていくためには、企業が成長しなければなりませんし、倒産しないように健康であり続けることも大事になってきます。それを資金面から支える行為が株式投資なのです。つまり投資という行為は、資本主義を成り立たせ、それを維持するための、**縁の下の力持ち**なのです。

そして企業が成長したら、その一部を配当や値上がり益で受け取ります。これは相手の利益を最大限に実現させ、そのついでに自分もそのなかから利益を得るという点で、株式投資は、まさに「**利他利己**」の考え方そのものを実践するための行為なのだということに気づいたのです。

株式投資が豊かな未来をつくる

今、日本の個人金融資産は２０００兆円を超えています。正確には、２０２２年6月末時点で２００７兆円あるのです。このうち現金・預金として持たれている金額は１１０２兆円もあります。実に54・９％が現金・預金なのです。

そして株式投資に回っているお金が１９９兆円ですから、わずかに9・９％しかありません。ちなみに投資信託が86兆円で4・3％です。

そして今、日本政府は「貯蓄から資産形成へ」という大号令のもと、岸田首相が「資産所得倍増プラン」を掲げて、ＮＩＳＡをはじめとする少額投資非課税制度の充実化と、金融教育の重要性を説いています。

でも、いくらこうした施策を講じたとしても、そう簡単にお金は動きません。なぜなら、日本人は投資の本質を無意識のうちに理解しているからです。

結局のところ、政府が「自分の老後のために何とか手元のお金を増やさなければならない」と旗を振ったところで、利己的な行動を良しとしない日本では、米国のような株式と投資信託を合わせて個人金融資産の50％超を占めるというところまで、ドラスティックに変化することはないでしょう。

本気で現金・預金から株式投資、あるいは投資信託への資金シフトを促したいと考えるのであれば、**投資をする大義名分をしっかり定める**必要があります。それも、「自分の老後を何とかするために」などという、利己主義的な大義名分ではありません。「あなたの投資は企業の成長と健康を維持するのに役立ち、それによって世の中の大勢の人たちの生活が守られ、ひいては子どもや孫、あるいは未来の子どもたちが幸せに生活できる世の中をつくるのに役立つのです」くらいのことを宣言するべきでしょう。

「企業に投資をする→企業の成長と健康が維持される→世の中が少しずつ良くなる→人々の生活が豊かになる→豊かになった分だけ投資をする→企業の成長と健康が維持される……」という循環をつくれれば、世の中は確実に良くなっていきます。それが株式投資の、**本当の役割**なのです。

そして、その発端をつくるためには、ひとりでも多くの投資家が「企業を見る」ようにならなければなりません。だから会社四季報なのです。

このように言っても、「そんな大義名分で人が動けば苦労はしない」と思う人もいるでしょう。

でも、これが動くのです。

皆さんは「戦時国債」というのをご存じでしょうか。これは太平洋戦争中、政府が戦費を捻出するために発行した債券で、戦後はまるまる無価値になった悪名高き国債なのです。それなのに実は戦時国債を買った投資家の80％は、個人でした。戦争の是非は置いといて、ここで言いたいのは、「国のため」という大義名分がしっかりあれば、お金はそっちに向くということです。

故石原慎太郎元都知事が尖閣諸島を都で購入するために設けた「東京都尖閣諸島寄附金」は、11日間で2億円以上が集まりましたし、2011年の東日本大震災でも多額の募金が集まり、かつ会社を休んでまでボランティアに行く人が大勢いました。これらはまさに利他の精神であり、そこに**大義名分があったので人々は動いた**のです。だからこそ利他の気持ちで投資をすることの大切さ、必要性を訴えていく必要があるのです。

野村を辞める

2013年3月、東日本大震災の影響がまだ色濃く残る時期に、無意味な社内政治に巻き込まれ野村證券を退社しました。

この件について多くを語るつもりはありませんが、株式投資は利他利己を実践するための行為であるという、投資についてひとつのビジョンが見えてきた私から見ると、容認しがたい状況が会社内部で起こっていました。

それはコンプライアンスにも影響を及ぼす問題だったので、コンプライアンス担当の役員レベルまで話を上げたものの、結局、私の主張は退けられました。それだけならまだしも、閑職に飛ばされたのです。

そこはタコ部屋みたいなところでした。定年間際の人が５人くらい、何もすることがなくボーッと座っていました。

もちろんまったく何もすることがないということではなく、一応、するべきことは与えられているのですが、それまで機関投資家営業部で国内外の機関投資家を相手に日本株のセールスをしていた自分にとって、その部署の仕事は何も無きに等しいものでした。

その頃、とにかく時間だけはあったので、インターネットでいろいろなことを調べました。会社四季報は相変わらず読んでいましたが、同時に投資とはまったく関係のない分野ものぞいてみようと思ったのです。

特に株式投資などという、ある意味、非常にリアルな世界で長年生きてきたので、それをまったく逆に振って、たとえばスピリチュアル系の世界はどうなっているのだろうかとか、世の中にはどういう陰謀論があるのかといったことにも、興味の対象を広げてみたのです。

今まで会ったことのない人の講演会にも行ってみました。もともと代々木ゼミナールのカリスマ日本史教師で、大学受験用の日本史のテキストを何十冊と書いている竹内睦泰氏のセミナーにも通い詰めました。

竹内氏は超日本史などと言われている「竹内文書《たけうちもんじょ》」を口伝で語り伝えている人で、「受験用の日本史はこうだけれども、竹内家に代々伝わっている日本史はこうだ」と話してくれるのです。しかも、その内容が非常に面白く、私たちが学校で学んできた日本史をことごとく覆《くつがえ》してくれるようなものでした。

竹内睦泰氏（写真左）と著者

彼が真剣に語っているその話を聞いていると、「ひょっとしたら、自分が今まで聞かされてきた日本の歴史は、真相を隠すためにつくられたものではないのか」と思わせるようなものだったのです。

竹内文書に書かれている内容については、賛否両論あります。古代の日本人がピラミッドをつくったとか、日本人はムー文明の子孫だとか、まさに超日本史ともいうべき内容がたくさん書かれているので、単なる「とんでも話」で片づけてしまう人が大半であるのも事実です。大学の歴史の教授にこの話をすれば、恐らく一笑に付されてしまうでしょう。ただし、青森県のイエスキリストの墓は、それをどう解釈するかは別として、私も訪問していますので、**「それがある」**のは紛れもない事実です。

残念ながら竹内氏は２０２０年に亡くなってしまったので、話の真相をじっくりうかがう機会は失われてしまったのですが、私自身が経済や金融、企業、人々の投資活動、言うなればお金の流れを見るうえで、重要なヒントを与えてくださったと思っています。

そのヒントとは何かというと、株価は森羅万象を反映するものであり、どのような話でも「そういうこともあるのかもしれない」という意識を常にどこかに持っておく必要があることです。

このように株式投資とは対極ともいうような活動をしながら、同時に「もう、ここ（野村證券）にいても、意味はないな」と感じていました。

四季リサーチを立ち上げる

2013年3月に野村證券を退社し、その後1年間は一切就職活動をせずに、毎朝の氏神への参拝、先祖めぐりや日本各地の探訪などに時間を費やし、自分自身の見聞をどんどん広げていきました。

そのなかで感じたのは、リーディングカンパニーでも模範とならず、問題行為を隠蔽することもあるという事実です。これは日本にとってよろしくないなということでした。だから日本を良くする会社をつくろうと思いました。

そんなことを考えている時、たまたま野村證券時代に私を機関投資家営業部に送り込んでくださった当時の部長が定年を迎えたということで宴会が開催されたのです。すでに会社を辞めたOBも含めて呼ばれたのですが、一次会が終わった後、すでに野村證券を辞めて自分で事業を始めた先輩から「もう1軒行こう」と誘っていただきました。

そこで野村證券時代、四季報読破後に資料を作成して、機関投資家に外交していたことや、これをベースにして何かを始めようと考えていることを伝えたところ、「じゃあ、自分で会社をつくったらどうだ。ただ、俺も同じようなビジネスをやってみたいと思ったので、折半出資でどうだろう」と誘ってくださり、四季リサーチという会社を立ち上げることにしたのです。

四季リサーチのコンセプトは、**「自立した投資家を増やす」**です。自立した投資家が日本に投資することによって、日本を発展させよう、日本を取り戻そうという願いが込められています。

なぜ日本なのか。これについてはまだ野村證券に在籍していた時代の話があります。機関投資家営業部に在籍していた時、ワインのうんちくを語るのが好きな上司がいました。

その上司が、「今年のボジョレーは当たり年だ」などと言うものだから、何となく自分でも買ってみて家で飲んでみました。

それを飲みながら、「日本のために自分は何ができるのだろう」などと考えをめぐらせていると、ふと気づいたことがあったのです。

自分は今、フランスのワインを飲んでいる。ということは、このワインを買うために払ったお金は国内に回らないし、国内の生産者に渡ることもない。野村證券は、日本企業の成長にとって必要な資金を供給するために存在しているのに自分は上司に言われたまま、フランス産のワインを飲んでいる。結局、日本を駄目にしているのは、自分の消費行動なのではないかと思ったのです。

そして自分がフランス産のワインを買っている間にも、日本のワイン生産者は経営が厳しくなり、彼らの生活を支える収入が減ってしまっている。これは、やはりどう考えてもおかしな話です。

ファストファッションのブランドもそうです。少しでも安い商品を大量に売りたいがために、労働コストの安い新興国で生産する。それによって確かに生産国では従業員の給料が出て生活が支えられますが、肝心の日本国内にはまったく資金が回ってこなくなります。

このように個別にいろいろと自分の消費行動を考えていくと、多くの付加価値が海外に流れてしまっていることに気づいたのです。

そこでまず自分自身の消費行動を、すべてメード・イン・ジャパンに戻すことにしました。ワインが飲みたい時は甲州ワインなど純国産ワインにし、食糧もすべて国産品に切り替えました。なかなか難しかったのが衣類で、これぱかりはなかなかメード・イン・ジャパンが見つからない。

そう思っていた時に、日本発ブランドを世界に発信する**TOKYO BASE**（3415）が2015年に上場し、「STUDIOUS」や「UNITED TOKYO」、「PUBLIC TOKYO」といった店舗を展開するようになったのです。これも前述した「ジャポニスム」の時代がいよいよ来るというストーリーの根拠を強めてくれました。

投資の考え方をしっかり理解し、正しい考え方の人が投資をすれば、日本は確実に豊かになります。したがって正しい判断をするための知識を身につけましょう。そして日本の豊かさにつなげるため、投資先は日本企業にしましょう。そう考えて四季リサーチを設立し、さらにその考え方を広く個人に広げるために事業を展開しているのが複眼経済塾なのです。

[著者プロフィール]
渡部清二（わたなべ・せいじ）
複眼経済塾株式会社 代表取締役塾長
1967年生まれ。1990年筑波大学第三学群基礎工学類変換工学卒業後、野村證券入社。個人投資家向け資産コンサルティングに10年、機関投資家向け日本株セールスに12年携わる。野村證券在籍時より、『会社四季報』を１ページ目から最後のページまで読む「四季報読破」を開始。2014年の独立後も続け、すでに25年以上継続中で、2022年10月１日には四季報100冊読破。記念月例会を日本の株式取引発祥の地、日本橋兜町ホールで開催。
テレビ・ラジオなどの投資番組に出演多数。「会社四季報オンライン」でコラム「四季報読破邁進中」を連載。『インベスターZ』の作者、三田紀房氏の公式サイトでは「世界一「四季報」を愛する男」と紹介された。2014年四季リサーチ株式会社、2016年複眼経済塾株式会社設立、ともに代表取締役就任。著書に、『会社四季報の達人が全力で選んだ 10倍・100倍になる！　超優良株ベスト30』『会社四季報の達人が教える 誰も知らない超優良企業』(SBクリエイティブ)、『会社四季報の達人が教える10倍株・100倍株の探し方』(東洋経済新報社)、『日経新聞マジ読み投資術』（総合法令出版）、『ムック：年４回投資術』（メディアックス）などがある。複眼経済塾は年４回（３月、６月、９月、12月）塾生を募集（https://www.millioneyes.jp/）。
〈所属団体・資格〉
公益社団法人日本証券アナリスト協会検定会員
日本ファイナンシャル・プランナーズ協会認定AFP
国際テクニカルアナリスト連盟認定テクニカルアナリスト
神社検定２級、日本酒検定２級、大型自動車免許

編集協力／鈴木雅光（ジョイント）、
小笹俊一（複眼経済塾メディア局長）

四季報を100冊読んでわかった投資の極意

2023年１月１日　　第１刷発行

著　者　渡部 清二
発行者　唐津　隆
発行所　株式会社ビジネス社
〒162-0805 東京都新宿区矢来町114番地
神楽坂高橋ビル５階
電話 03(5227)1602　FAX 03(5227)1603
https://www.business-sha.co.jp

カバー印刷・本文印刷・製本/半七写真印刷工業株式会社
〈装幀〉大谷昌稔
〈本文DTP〉茂呂田剛（エムアンドケイ）
〈営業担当〉山口健志　〈編集担当〉本田朋子

ISBN978-4-8284-2476-7

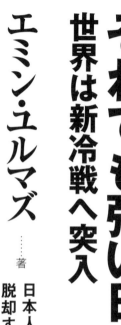

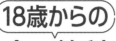